屏蔽力
ISBN: 9787115627414
This is an authorized translation from the SIMPLIFIED CHINESE language
edition entitled 《屏蔽力》 published by Posts & Telecom Press Co., Ltd., through
Beijing United Glory Culture & Media Co., Ltd., arrangement with EntersKorea
Co.,Ltd.

당신을 소모시키는
모든 것을 차단하라

삶의 난제를 명쾌하게 풀어내는 '빼기'의 방정식

당신을 소모시키는
모든 것을 차단하라

펴낸날 2024년 7월 20일 1판 1쇄

지은이 푸수
옮긴이 장려진
펴낸이 김영선
편집주간 이교숙
책임교정 정아영
교정·교열 나지원, 이라야, 남은영
경영지원 최은정
디자인 정윤경
마케팅 신용천

발행처 ㈜다빈치하우스-미디어숲
출판브랜드 더페이지
주소 경기도 고양시 덕양구 청초로 66 덕은리버워크지산 B동 2007호~2009호
전화 (02) 323-7234
팩스 (02) 323-0253
홈페이지 www.mfbook.co.kr
출판등록번호 제 2-2767호

값 18,800원
ISBN 979-11-986324-9-4(03190)

㈜다빈치하우스와 함께 새로운 문화를 선도할 참신한 원고를 기다립니다.
이메일 dhhard@naver.com (원고 및 기획서 투고)

당신을 소모시키는
모든 것을 차단하라

푸수 지음 | **장려진** 옮김

삶의 난제를 명쾌하게 풀어내는 '빼기'의 방정식

더페이지

차례

1장　왜 차단해야 하는가?

2장 타인의 감정오염을 차단하라

3장 외부와 타인의 인식을 차단하라

4장　비효율적인 활동을 차단하라

5장　자기감정 살피기

6장 간소한 인생으로 감정 소모하지 않기

인생 존중을 위한 최고의 힘,
차단력

왠지 모르게 늘 초조하고 다른 사람의 한마디에 한참 동안 전전긍긍하는가? 이런 상황을 피하고 싶다면 지금 당장 차단력을 높여야 한다.

중국의 유명한 수필가 위치우위余秋雨는 악의적인 비평으로 여론 몰이를 당하면서도 덤덤히 말했다.

"말은 천리千里를 가도 먼지를 씻지 않는다."

혹시 '3·7 법칙'이라는 말을 들어본 적이 있는가? 핸드폰의 기능 중 70%는 쓰지 않고, 집안 공간의 70%는 사용하지 않으며, 살림살이의 70%는 다시 쓸 일이 없지만 아까워서 버리지 못하는 경우가 대부분 이라는 뜻이다.

사람들이 불안해하는 이유도 덜 중요한 70%에 치중하여 중요한 나머지 30%를 소홀히 하기 때문인 경우가 많다. 이보다는 내게 주어진 일을 하고, 나만의 길을 걸으며, 중요하지 않은 70%를 차단함으로써 진정으로 내 삶에 중요한 30%를 즐겨야 한다.

미국의 작가 겸 심리학자 앤서니 로빈스^Anthony Robbins^는 "어림짐작으로 만들어 낸 두려움 대신 본인이 정말 이루고 싶은 목표에 100% 집중하세요."라고 말했다.

사람들은 언제나 너무 조급해하고, 너무 많이 생각하고, 너무 적게 행동한다. 사실 이런 태도보다는 비현실적인 생각은 차단하고 현재에 충실한 삶을 지향하는 편이 훨씬 유익하다. 살이 찌면 다이어트를 하고, 능력이 부족하면 자기계발을 하는 등의 삶의 태도를 가지면 반드시 좋은 일이 생길 것이다.

▍탐욕을 차단하라

장자莊子가 이런 명언을 남겼다.

"재물을 탐하면 위험이 따르고貪財而取危, 권력을 탐하면 모든 게 고갈된다貪權而取渴."

이 말은 자신이 원하는 바를 분명히 아는 것도 중요하나, 모든 것을 욕심내고 탐내면 결국 아무것도 얻지 못한다는 의미다.

19세기 말 프랑스의 한 상인이 타이어 공장을 열었다. 최선을 다해 운영한 덕에 공장은 금세 큰 회사로 성장했다. 성공한 상인은 조선업에 관심이 생겨 선박 제조공장을 세웠다. 얼마 뒤에는 주류업이 성행이라는 말에 단숨에 주류회사까지 차렸다.

상인은 사업을 많이 할수록 성공할 거라 확신했다. 하지만 예상과 달리 얼마 지나지 않아 그의 회사는 적자가 나기 시작했다. 사업의 버팀목이던 타이어 회사마저 경영 위기를 겪게 되었다. 한동안 망연자실했던 그는 금방 다시 시작하기로 마음을 먹었다.

어느 날 포도 농장으로 시찰을 나간 그는 농부가 흠이 없는 청포도를 잘라버리는 장면을 목격했다. 버려지는 포도가 아깝다는 생각에 상인이 물었다. "이 포도들은 멀쩡한 것 같은데 왜 잘라버리는 겁니까?"

농부가 답했다. "포도알을 조금씩 잘라내지 않으면 저들끼리 양분을 다퉈요. 그럼 과육이 크게도 못 자라고 당도도 떨어지죠. 이렇게 조금 잘라줘야 남은 포도들이 더 잘 익고 맛도 좋아지는 법이에요."

농부의 설명을 들은 상인은 큰 깨달음을 얻었다. 모든 것은 과유불급過猶不及이라 욕심을 내다가는 오히려 큰 화를 입는 법이었다.

중국 기업가 저우훙이周鴻禕 대표가 어느 인터뷰에서 이런 말을 했다.

"우선 자신이 무엇을 원하는지 파악한 다음 끊임없이 노력해야 합니다. 토끼가 보인다고 토끼를 쫓거나, 야생 닭이 보인다고 닭을 쫓거나, 산봉우리가 보인다고 산을 정복했다고 여겨선 안 된다는 말이죠."

간혹 글짓기 강좌를 수강하는 친구를 따라 무턱대고 글짓기 수업을 신청하거나, 길이가 짧은 동영상인 숏폼Short-Form을 배우는 동료를 보고 돈이 되겠다는 생각에 동료를 따라 동영상 제작 교육 과정을 구매하는 사람들이 있다. 이들은 아무런 성과도 없는 곳에 제한된 시간과 에너지를 흐지부지 써버리고 결국 경제적, 정신적 낭비로 인한 자기 회의에 빠져 헤어 나올 수 없게 될 수도 있다.

일본의 기업가 이나모리 가즈오稻盛和夫는 "사람은 현실에 만족할 수 있지만, 욕망이란 마음은 결코 사람을 현실에 안주하게 만들지 않는다. 탐욕은 끊임없이 삶에 요구하게 만들고 차츰 모든 행복을 갉아먹는다."라고 말했다.

생각이 지나치게 많으면 불필요한 걱정이나 감정 소모로 이어질 수 있다. 걱정과 고민에 빠졌을 때는 잠시 생각을 멈추고 하나의 목표를 선택하여 곧장 행동으로 옮기는 것이 중요하다.

'단순함이 최고'라는 말처럼 진정한 가치는 단순하지만 정제된 것에 있다. 그런 의미에서 탐욕을 차단하는 것이 인생에 대한 최고의 선택일 것이다.

┃타인의 간섭을 차단하라

급변하는 사회의 흐름에 휩쓸린 우리는 언제나 몸과 마음이 지쳐 있다. 그래서 삶을 바쁘게 살아가는 듯 보여도 남들과의 맹목적인 비교에 쉽사리 삶의 방향을 잃어버리거나 다른 사람의 평가 한마디에 자신을 놓아버린다.

어떤 사람은 명품 옷을 입은 옆집 아이를 보고 내 아이가 좋아하는지는 상관없이 명품 옷을 사준다. 또 어떤 사람은 함께 자란 소꿉친구가 대도시에 집을 마련하자 아이들 교육 때문이라는 번지르르한 이유를 대며 대도시에 진입하려고 필사적으로 애를 쓴다. 정작 자기가 그곳에서의 생존 압박을 견딜 수 있는지는 고민하지 않은 채로 말이다. 또는 동료가 차를 바꾸면 내 차를 바꿔야 할 때인지 제대로 따져보지도 않고 어떻게든 이유를 만들어 차를 바꾸고야 마는 사람도 있다.

다른 사람의 생각으로 자신의 인생을 재단하지 않고, 다른 사람이 이룬 성과에 자신의 인생을 대입하지 말아야 한다.

심리학에 '과제 분리Seperation of Task'라는 이론이 있다. 성인이라면 타인의 과제와 자신의 과제를 분리할 줄 알아야 한다는 개념이다.

한 회사가 고과 평가에서 최하점을 받은 직원을 해고하기로 했다. 그러자 한 여직원이 업무 실적을 걱정하기 시작했다. 낮은 고과

점수를 받을까 초조했던 그녀는 인사팀을 들락날락하는 데 시간을 쏟았다. 이를 보다 못한 동료가 그녀에게 말했다. "이 정도면 인사팀에서 월급 받아야 하는 거 아냐? 인사팀 업무를 걱정하느라 정작 네업무는 하나도 못 하고 있잖아."

어떤 일이 누구의 과제인지를 판단하는 규칙은 단순하다. 누가 그 일의 결과를 책임지면 그 일은 그 사람의 과제인 것이다.

중국 작가 린위탕林語堂은 남들처럼 되겠다는 생각은 버리고 온전한 내가 되어 독립적으로 일어설 용기를 가져야 한다고 말했다. 내가 신경 써야 할 것은 오로지 나의 성과뿐, 다른 사람이 이룬 성과는 나와 무관하다. 그러니 남을 부러워하는 대신 타인의 간섭을 차단하고 자기 일에 더 집중하기 바란다.

차단력을 키우고 싶다면 자신의 내면을 살펴라

타이완 작가 린칭쉬안林淸玄은 "꽃은 꽃을 피워야 한다. 세상 사람들의 시선과 관계없이 꽃으로서의 엄숙한 사명을 완수하기 위해 꽃은 꽃을 피워야 한다."라고 했다.

온 세상이 모래와 진흙에 더럽혀져 있어도 당신이 맑고 투명하면 당신의 세상도 맑고 깨끗하고, 당신이 단순명료하면 당신의 세상은 복잡해지기 어렵다.

차단력이 부족하면 나도 모르게 소중한 시간을 허투루 쓰고, 조금

남은 열정과 에너지도 계속해서 소모할 수밖에 없다.

시선이 밖으로만 향하는 사람들은 정작 발밑에 있는 길을 잘 보지 못하는 법이다. 그렇다면 과연 '내면'의 생활을 잘하려면 어떻게 해야 할까?

첫째, 번잡한 곳에서도 안정 찾기

청나라 말기 학자 증국번_{曾國藩}은 이렇게 말했다.

"마음이 고요하면 만물이 변해도 여전히 고요할 것이다. 반대로 마음이 불안하면 제아무리 한가로운 시간을 보내도 불편하고 불안할 것인즉, 고요함은 상황이 아니라 마음에 있다."

초조함과 불안함은 사람의 마음을 공중에 띄워 현실을 간과하고 안절부절못하게 만든다. 반대로 마음이 진정되면 잡념과 욕심이 줄고, 욕망이 채워지지 않아도 불안함이나 속상함을 느끼지 않는다.

둘째, 감정 소모의 원인 차단하기

무엇을 중단할지 결정할 때 인간은 성장한다. 사람들에게 가장 중요한 자원은 시간과 에너지다. 따라서 시간과 에너지를 낭비하게 만드는 모든 일을 차단해야 한다. 불안을 야기하는 뉴스를 차단하고, 불필요하고 쓸모없는 모든 SNS 앱을 삭제하는 등의 방식으로 내게 필요한 집중력을 최대한 확보하자.

관심을 끄는 일이 생겨도 그 일이 나의 성장에 유익한지부터 자문해 본 다음, 유익하지 않다면 과감하게 차단하기 바란다.

셋째, 자기계발에 중점 두기

미국의 관리학자 로렌스 피터가 제기한 '나무통 효과'가 있다. 이는 나무통 하나에 얼마만큼의 물을 담을 수 있는지 정하는 것은 가장 긴 나무토막이 아닌, 가장 짧은 나무토막이라는 것이다. 결국 장점보다는 단점을 보완하는 것이 중요하다는 이론이다. 무의미한 사교 활동과 노력, 그리고 정보를 차단해야 단점을 찾아 개선할 시간을 확보할 수 있다.

우리 스스로 빛을 내면 뜻밖의 기회가 찾아온다. 높은 에너지를 가진 사람들은 자신에게 가장 중요한 일에 에너지와 시간을 투입하는 방법을 잘 알고 있다. 그들은 쓸모없는 정보, 과도한 생각, 타인의 간섭, 불쾌한 말들은 과감히 차단하고, 남에게 잘 보이려 애쓰기보다 자기 자신을 만족시키기 위해 노력한다.

타인에게 과도한 관심을 가지는 사람은 자신의 인생을 쉬이 잃어버린다. 또한 나를 좀먹는 사람과 일에 얽힐수록 인생은 낭비된다. 이런 상황에서 차단력은 당신이 발휘할 수 있는 최상의 능력이 될 것이다.

저자 푸수

17

1장

왜 차단해야 하는가?

사람들은 자아를 관리할 때 심리적 자원을 소모한다.

그 자원이 부족해지면 내적 소모 상태에 놓일 수 있는데,

이런 상태가 장기간 지속되면 극심한 피로감을 느낀다.

많은 이들이 이런 정신적 괴로움 때문에

일과 삶에서 발전을 이루지 못하지만,

자각도 하지 못한 채 자신의 내적 울타리에 갇혀

일생을 허비한다.

감정의 감옥에 갇혀
타인의 마음만 공부하는 당신

눈시울이 붉어진 진영이 나를 붙잡고 팀장에 관한 푸념을 늘어놓았다.

그녀가 참여한 프로젝트팀의 평가 회의가 열렸는데 한동안 코빼기도 안 내비치던 팀장이 불쑥 회의에 참가했다. 팀장은 오자마자 사소한 문제를 꼬치꼬치 물고 늘어지며 몰아붙였고 진영은 일일이 해명하느라 진을 뺐다. 그녀는 부서 팀장이 평소 부하 직원이 어려운 일에 부딪히면 도움은커녕 그림자도 안 보이면서 가끔 마주치면 지적하기만 바쁠 뿐이라며 열을 올렸다. 팀장이 언급한 문제들은 그동안 다른 동료들도 으레 알고 있는 것처럼 관례에 따라 처리해 왔다. 여기까지는 팀장이 부하 직원들의 업무에 너무 오래 무관심했으니 모를 수도 있다며 넘길 수 있다. 하지만 진짜 문제는 다른 데 있었다.

진영의 설명은 팀장을 만족시키지 못했고 되레 '아니야. 틀렸어.', '이럴 땐 이렇게….', '무조건….'과 같은 잔소리가 되어 돌아왔다. 팀장이 부정적인 표현들로 반복해서 말을 끊자 진영은 그만 울컥하고 말았다. 부서 팀장은 모순되는 말을 할지언정 화제에 반대할 생각만 하는 것처럼 보였다. 설상가상으로 팀장의 강압적인 태도와 냉소적인 어조는 진영의 화를 폭발시키기에 충분했다.

진영은 입을 꾹 다물었고 팀장은 혼자 계속 떠들어댔다. 짜증을 못 견딘 진영은 딴 데로 정신을 팔기 시작했다. 예전에 팀장이 다른 직원을 몰아붙여 눈물 콧물 빼놓았던 일, 팀장의 룸메이트도 그녀의 더러운 성격을 견뎌내지 못하고 이사 가버린 일들이 떠올랐다. 팀장은 주변 사람들도 못 버틸 만큼 정서 지능, 즉 EQ가 낮은 사람이었던 것이다.

진영은 여전히 짜증이 치밀어 속으로 팀장을 욕했다. '말 좀 예쁘게 하면 안 돼? 사람들이 자기를 얼마나 싫어하는지 알긴 아는지 몰라!' 자신의 감정에 완전히 사로잡힌 그녀는 팀장의 말을 귓등으로 흘려보냈다.

나는 진영이 한바탕 쏟아내는 말을 다 듣고 나서 물었다.

"만약 팀장님이 언니를 화나게 하지 않고 언니도 팀장님의 말을 제대로 들었다면, 그 말이 맞는 것 같다고 생각하지 않았을까?" 진영은 잠시 멈칫했다. 그리고 문득 깨달았다. 팀장 때문에 화가 나자 자기감정에만 매몰되어 팀장의 말이 옳은지 그른지 자세히 들여다볼 생각도 안 했던 것이다.

잠시 화가 가라앉기를 기다렸다가 팀장의 말을 하나씩 되짚어 볼 때쯤 진영의 기분은 거의 풀린 상태였다. 그녀는 확실히 그동안 많은 세부 사항을 소홀히 했다는 것을, 특히 팀장이 언급한 마지막 포인트를 놓치고 있었다는 점을 깨달았다.

'세상에, 팀장이 퍼붓는 말들이 듣는 사람을 불편하게 만들지언정 완전히 틀린 말은 아니었다니!'

상대방의 서투른 대화 방식이나 태도 때문에 화가 난다고 훌륭한 제안을 등한시하는 게 과연 합리적인 선택일까? 기분 나쁘다는 감정에 사로잡혀 이성을 잃고 편견만 가득한 무능력한 사람, 혹시 당신이 그런 사람인가?

나쁜 감정에서 재빨리 빠져나와 다시 기분을 좋게 만들고, 무의미한 감정 소모의 간섭을 피하는 것 역시 정서 지능을 향상시키는 방법, 그것도 아주 중요한 방법이다.

그렇다면 어떻게 해야 자신을 나쁜 감정에서 건져낼 수 있을까?

저항하거나 억압적이고 전투적인 자세로 우리의 감정에 대립하기보다는, 오히려 감정을 이해하고 수용한 다음, 부드럽게 보살피며 온순한 모습으로 변화시켜야 한다. 그러기 위해 몇 가지 방법을 제시한다.

첫째, 내면에 숨어 있는 모든 감정을 찾아라

만일 의식이 '대뇌의 거실'이라면 잠재의식은 '대뇌의 지하실'이다. 감정을 홀대하고 적대시하는 것은 거실에 있던 '감정'이란 손님을 강제로 지하실로 끌고 가는 행위나 마찬가지다. 여기에 매일 증가하는 나쁜 감정들이 지하실에 누적해서 쌓이다 보면 잠재의식에 혼란이 생기고 함부로 의식에 간여하여 대뇌를 통제 불가 상태에 빠트릴 수도 있다.

우리의 감정을 어머니가 아이를 돌보는 것처럼 대할 수 있으면 어떨까? 어머니처럼 아이의 이상을 즉각적으로 발견하고, 아이에게 무슨 일이 생겨도 포기하지 않고 '아가, 엄마가 도와줄게.'라며 토닥이며 위로해 줄 수 있을 것이다. 이렇게 보살핌을 받은 감정에는 치유 가능성이 생긴다. 따라서 감정을 치유하고 싶다면 내면의 억울함과 적대감을 바로 발견할 수 있는 예민한 통찰력을 갖춰야 한다. 이를 위해 내 안에 집중하며 몸을 이완시키고, 신체 리듬을 늦추는 방법을 시도해 볼 수 있다. 신체 리듬이 느려지고 내 안을 느끼다 보면 더 다양한 내면의 감정을 찾을 수 있을 것이다.

둘째, 감정을 관찰하고 그 이면의 원인을 분석하라

모든 나쁜 감정 자아는 인식의 부조화에 기인하여 생성되는 것이라 할 수 있다. 익숙하고 완벽했던 자신의 모습이 깨졌다고 느끼는 순간, 나쁜 감정이 찾아온다.

억울함을 예로 들어 보자. 자신의 노력이 인정받지 못한다는 사실을 인식하자 그동안 노력했다고 여기던 자아가 깨지기 시작한다. 억울함이 밀려올 때면 어떤 노력이 보답을 받지 못했는지 생각해 보자.

· 초조함 : 자신의 능력이 부족하다는 사실을 인식하자 자신감 가득했던 자아가 깨진 것일 수 있다. 초조함이 느껴질 때면 자신에게 어떤 문제와 부족한 점이 있는지 생각해 보자.

· 좌절감 : 어느 순간 자신이 쓸모없게 여겨져 무적 같았던 자아가 깨진 것일 수 있다. 자책감이 느껴진다면 어떤 일 때문에 좌절했는지 생각해 보자.

· 분노 : 다른 사람이 실수했다고 판단하자 그동안 친절하게 대우받던 자아가 깨진 것일 수 있다. 화가 난다면 다른 사람의 어떤 행동이 당신을 화나게 하는지 잘 살펴보자.

· 질투심 : 원래 자기보다 못하다고 생각했던 사람과 비교하자 우월하다고 여기던 자아가 깨진 것일 수도 있다. 질투심이 들 때면 그 사람이 당신보다 나은 점을 찾아보자.

모든 나쁜 감정의 이면에 있는 '이야기'에 주목하면 자연스럽게 그 감정이 발생한 '원인'을 찾을 수 있다.

셋째, 다섯 가지 솔루션을 통해 감정을 처리하라

1. 감정 분출 : 오해 때문에 나쁜 감정이 생겼다가 진실을 알고 나면 자연스럽게 풀리는 경우가 종종 있다. '진실'이란 어떤 이야기의 이면이자 제한된 시야에 갇혀있던 '새로운 시각'일지도 모른다. 그러므로 포용적이고 개방적인 태도로 사람들과 어울리는 것이 좋은 감정을 유지하는 데 도움이 된다.

2. 감정 승화 : 압력을 동력으로 전환할 때처럼 부정적인 감정을 긍정적인 감정으로 전환한다.

3. 자기 용서 : 다른 사람이 만든 문제 때문에 자신을 책망하지 말자. '과제 분리'를 이해하면 다른 사람의 잘못 때문에 자신을 벌하는 게 얼마나 어리석은 행동인지 알게 된다.

4. 감정 해소 : 나쁜 감정 이면의 문제를 해결하는 방법으로, 나쁜 감정의 근원이 되는 문제가 해결되면 그 감정도 자연스레 사라진다.

5. 결과 수용 : 불가항력적인 최악의 시나리오를 준비한 다음, 최대한의 노력을 기울인다.

지금부터는 다음의 사례에 위의 솔루션을 적용하여 더 쉽게 이해해 보자.

수현은 업무 보고서를 완성하기 위해 꼬박 일주일 동안 야근을 했지만, 직속 사수는 보고서 자료가 불충분하다며 결재를 반려했다. 사수는 자신의 보고서 작성 스타일을 보여주며 거기에 맞춰서 보고서를 다시 작성하라고 강요했고, 대표마저도 사수의 편을 들어주었다. 수현은 힘들게 한 작업이 통째로 부정당했다는 생각에 기분이 우울해졌다.

이런 상황에서 수현은 다음과 같은 방법을 시도해 볼 수 있다.

첫째, 내면에 숨어 있는 모든 감정을 찾아라

수현은 가슴이 턱턱 막히는 느낌이 들었다. 마치 무채색의 유화에 더없이 아름답게 꽃피운 장미를 그려본들 바탕에 깔린 회색이 선사하는 음울함을 이기지 못하는 것처럼 암담한 기분이었다. 그녀는 차분히 앉아 몸을 이완시키고 나쁜 감정에게 상냥하게 인사했다.

'하이, 친구. 오랜만이야. 근데 너 무슨 일 있니? 이리 오렴. 내가 돌봐줄게.'

이런 식으로 마음의 대화를 나누자 수현은 모든 감정을 세세히 느끼게 되었다.

우선은 화가 났고, 그다음으로 억울함과 좌절감이 몰려왔다. 눈을 감고 자신의 내면을 깊숙이 들여다보던 수현은 수치심, 실망감, 혼란스러움, 자책 그리고 걱정 등의 마음을 찾아냈다. 하나씩 모습을 드러낸 해묵은 감정들이 어느새 마음의 방을 가득 채웠다.

둘째, 감정을 관찰하고 그 이면의 원인을 분석하라

수현은 길게 심호흡했다. 몸의 긴장을 늦춘 다음, 마음의 방에 있는 나쁜 감정들에게 인사를 건넸다. 그리고 차분하게 그들에게 무슨 일이 생긴 건지 물었다. 그러자 나쁜 감정들이 앞다투어 입을 열기 시작했다.

1. 화가 포문을 열었다.

   "그 사람들 너무 꽉 막혔어. 자기들이 하라는 그대로 다 했는데 왜 모르는 거냐고!"

2. 억울함이 곧바로 말을 보탰다.

   "일주일 내내 고생했던 게 전부 물거품이 되어버렸어. 정말 울고 싶어."

3. 좌절감은 바닥을 뚫고 들어갈 기세로 고개를 푹 숙였다.

   "그러니까 말이야. 인정을 못 받으니까 루저가 된 기분이야."

4. 원망이 속내를 감추지 않았다.

   "내가 쓴 보고서를 제대로 보지도 않고선 자료가 불충분하다니! 순전히 사수의 주관적인 판단일 뿐이잖아!"

5. 부끄러움과 자책이 의견을 모았다.

   "사실 나보다 사수의 업무 스타일이 더 편리하고 믿을만하긴 하지."

6. 실망이 의견을 더했다.

"맞아. 나랑 나이대는 비슷한데 사수의 실력이 더 뛰어나다는 생각을 하면 괴롭긴 했어."

7. 걱정이 연신 고개를 끄덕였다.

"하긴 그래. 여러 업무를 하고는 있지만 내 전문이라고 확실히 말할 수 있는 분야는 없어. 그래서 항상 불안해."

8. 혼란이 하늘을 향해 소리쳤다.

"내가 잘하는 건 뭐지? 내가 좋아하는 건? 도대체 뭘 더 해야 하는 거야?"

셋째, 다섯 가지 솔루션을 통해 감정을 처리하라

수현은 모든 감정의 목소리를 귀담아들은 다음 하나씩 처리하기 시작했다.

1. 화 : 수현은 사수의 입장에서 생각해 보았다. 닭이 오리에게 말을 걸면 오리는 못 알아듣는다. 마찬가지로 자신도 사수의 언어 체계를 따르지 않고 자기한테 익숙한 용어만 사용했으니 사수가 이해하지 못하는 것도 당연했다. 이렇게 사수의 기분을 헤아려 보자 수현은 더 이상 화가 나지 않았다.

→ 다른 시각으로 문제를 바라보면 상대방의 입장을 더 쉽게 이해할 수 있다.

2. 억울함 : 모든 노력이 보상받을 수는 없다. 특히 잘못된 노력은

애초부터 보상을 받을 수 없으니 억울해할 필요도 없다.

→ 한층 높은 차원에서 문제를 직시하고 감정을 방출한다.

3. **좌절감** : 수현은 먼저 자신과 사수가 이해한 개념이 같은지 살펴보았다. 둘이 이해한 내용은 동일했다. 다음으로 그녀는 사수의 높은 기준에 따라 자신이 작성한 보고서를 재점검했다. 아무런 실수도 없었다. 그런데도 수현을 인정하지 않은 것은 분명 사수의 잘못이었다. 덕분에 수현은 '내가 잘못한 게 아니라 사수가 오해한 거야. 내가 능력이 부족한 게 아니니까 좌절감을 느낄 필요도 없어.'라고 생각하게 되었다.

→ 자신의 능력을 확실히 파악하고 자신에 대한 오해를 해소한다.

4. **원망** : 사수의 이런 독선적인 판단은 분명 그녀의 잘못이었다. 타인의 잘못 때문에 자책할 필요가 없다고 생각한 수현은 자신에게 말했다.

"난 여전히 나야. 다른 사람의 잘못된 평가 때문에 내 전부를 의심하지 않을 거야."

→ 다른 사람의 잘못으로 자책하지 않는다.

그 밖에도 수현은 한 가지 교훈을 더 얻었다. 바로 다른 사람을 함부로 판단하면 안 된다는 것이다. 뜻밖의 수확에 수현은 기분이 조

금 나아졌다. → **감정 승화**

  그뿐만 아니라 세상에 완벽한 사람은 없다는 말처럼 사수도 오판을 한다는 사실을 깨닫자 자기를 비하할 이유가 없다는 생각이 들어 마음이 한결 여유로워지고 포용력도 넓어졌다. → **감정 승화**

  5. **부끄러움과 자책감** : 수현은 사수의 업무 스타일이 효율적이라는 점을 인정하고, 그녀가 보고서를 작성하는 방식을 학습하기로 했다. 그러자 업무 실력이 향상될 거라는 기대감에 기분이 더 좋아졌다.

  6. **실망감** : 수현은 지금의 자신을 있는 그대로 받아들이기로 했다. 지나간 시간은 되돌아오지 않고, 되돌릴 수도 없는 만큼 그동안 시간을 허비했다는 사실도 순순히 인정했다. 대신 그녀는 앞으로의 계획을 세웠다. 과거에 허비한 시간 때문에 생긴 손실을 만회하기 위해 지금부터 2년 동안 최선을 다하겠다는 결심을 했다.
  → **결과를 수용하고 최선의 노력을 다해 손실을 만회한다.**

  7. **걱정** : 수현은 그동안 경험을 제대로 발휘하지도 못했을뿐더러 다른 사람의 장점을 배우는 데도 서툴렀다는 점을 인정하며 자신의 부족한 점을 확인했다. 이를 개선하기 위해 그녀는 일과 보고서를 작성하여 그날그날의 성장을 기록하는 한편, 본인과 다른 방식으로

업무를 처리하는 동료를 발견하면 비교용 보고서를 만들어보며 그 동료의 장점을 배워갔다.

→ 감정 이면의 문제 해결

8. 혼란함 : 수현은 회사에서의 역할을 재정립하고 본인만의 규칙을 세움으로써 더 단단한 미래와 방향성을 확보하게 되었다.

→ 감정 이면의 문제 해결

이 단계들을 거치자 수현의 감성이 마침내 모두 처리되었다.

몸을 다스리는
다섯 가지 감정

경원은 결혼한 지 5년 만에 유방암에 걸렸다.

5년 전, 그녀는 가족들의 성화에 못 이겨 동료 현수에게 시집을 갔다. 그때까지만 해도 사람들은 둘이 인연이라고만 생각했지 이런 악연일 줄 상상도 못 했다.

당시 사내에는 젊은 직원들이 많았다. 그들은 자주 같이 어울렸고 당연히 서로의 상황에 대해서도 훤히 알고 있었다. 당시 현수는 교제하던 여자친구가 있었지만 집안의 반대에 부딪힌 상태였다. 경원도 짝사랑하던 남자가 있었지만 제대로 고백 한번 하지 못했다. 친구들은 장난삼아 둘을 이어주려 했다. "차라리 너희 둘이 사귀어. 피차 알 만큼 다 알겠다, 조건도 괜찮잖아."

농담이었지만 경원은 마음이 흔들리기 시작했다. 그녀는 현수에게 1년 안에 현재의 여자친구가 인정받지 못하면 그냥 우리끼리 결혼하자며 약속했다.

1년 후, 두 사람은 정말로 결혼을 했다. 결혼 초기만 해도 둘은 다정한 모습으로 모임에 자주 얼굴을 비췄다. 하지만 어느 순간부터 두 사람이 같이 있는 모습은 보기 힘들어졌다. 현수는 가끔 혼자 참석했지만, 그때마다 경원에게서 전화가 오면 수신 거부를 눌러버리곤 했다. 그리고 현수가 전화를 안 받으면 항상 다른 친구에게 경원의 전화가 걸려 와 다음과 같은 질문을 했다. "너희들 현수랑 같이 있어?" 친구들은 둘 사이에 문제가 있다는 사실을 직감적으로 눈치챘다. 다만 당사자들이 직접 말하지 않아 추궁하는 대신 침묵을 지켜주었다.

그러던 어느 날, 회사에서 건강 검진을 받은 경원에게서 유선암이 발견됐다. 큰 충격을 받은 경원은 대성통곡을 했다. 게다가 지인들은 현수가 전 여친과 계속해서 연락을 해오고 있었다는 사실도 알게 되었다. 결혼 초에는 부모님의 눈초리 때문에 현수도 전 여친과 잠시 거리를 두었다. 하지만 본가에서 분가한 후로 조금씩 본색을 드러내더니 결국 외박을 일삼았다.

경원은 강직하고 체면을 중요하게 생각하는 성격이라 다른 사람에게 이런 고민을 털어놓지 않았다. 또 혼자 사는 친정어머니가 걱정할까 봐 이혼 얘기는 입에도 못 담고 억울한 감정을 속에만 담아두었다. 그렇게 몇 년 동안 가슴에 쌓인 울분과 슬픔, 고통이 시도

때도 없이 그녀의 몸을 공격해 오기 시작한 것이다. 경원의 주치의는 그녀의 병이 감정과 관련 있다고 말했다.

어릴 때 나는 춘추 시대 정치가 오자서伍子胥가 하룻밤 사이에 백발이 되었다는 이야기를 듣고도 믿지 않았었다. 멀쩡하던 사람이 하룻밤 만에 백발이 되다니, 말이 안 되지 않는가. 그런데 병상에 누워있는 경원을 보는 순간 알 수 있었다. 부정적인 감정이란 이렇게나 무서운 것이었다.

관련 연구에 따르면 부정적인 감정이 생길 때 우리 몸에서 제일 먼저 공격받는 곳은 '면역 시스템'이라고 한다. 장기간 축적된 부정적인 감정이 면역력을 감소시키고, 결국 신체 저항력이 저하되어 병이 생기는 것이다.

중국에서 가장 오래된 의학서로 알려진 『황제내경黃帝內經』에는 감정이 신체에 미치는 영향에 대해 이렇게 기록하고 있다.

'화怒는 간을 상하게 하고, 기쁨喜은 심장을 상하게 하며, 생각思은 비장을 상하게 하고, 걱정憂은 폐를 상하게 하며, 두려움恐은 신장을 상하게 한다.'

부정적인 감정은 유형에 따라 각기 다른 신체 기관을 공격한다. 일상에서 스트레스를 많이 받는 도시의 직장인들은 편두통 같은 증상을 자주 호소한다. 또한 두려움과 긴장감은 신장에 영향을 주는

데, 신장은 비뇨기 계통과 아드레날린 같은 호르몬 분비를 관장하는 기관으로 사람들의 정신력과 체력에 영향을 미친다. 한편 괴로운 일이 있을 때 식욕을 잃는 이유는 생각이 많아지면서 비위脾胃가 영향을 받기 때문이다.

여성의 자궁과 유방 관련 질병도 감정과 밀접한 관련이 있다. 화를 많이 내는 여성에게서는 자궁근종이 자주 보이고, 난소 기능이 감퇴하는 증상이 발견된다. 반면 화를 삼키는 여성에게서는 유방 울혈과 결절 등 유선 관련 질병이 자주 발생한다.

'백 가지 병은 기운에서 생긴다百病生御氣.'
'백 가지 병은 마음에서 비롯한다百病由心生.'

이렇게 중의학에서는 '기운氣'과 '마음心'으로 만병의 근원을 설명한다.

이처럼 기운과 마음은 사람의 감정과 깊은 관계가 있다. 기분이 나쁘고 감정이 날뛰면 기혈과 경맥이 막힌다. 통通하면 통증이 없고, 통증痛이 있으면 통하지 않기 때문에 병이 찾아온다. 흔히 '입은 거짓말을 해도 몸은 거짓말을 안 한다'라고 한다. 입으로 내뱉지 않아도 나의 생각과 감정의 변화가 하나도 빠짐없이 내 몸에 기록된다.

병이 난다는 건 곪은 감정이 극에 달해 몸이 비명을 지르는 것이다. 즐겁고 기쁘면 몸도 편안한 상태가 되고, 반대로 낙담하고 슬퍼하면 몸도 가을 낙엽처럼 생기를 잃고 만다.

현대인들은 건강관리에 유난히 신경을 많이 쓴다. 건강하게 오래 살기를 바라며 헬스장 회원권을 끊고, 몸에 좋다는 차를 마시고, 대량의 보조 식품을 섭취한다. 그러면서 감정을 보호해야 한다는 사실은 망각해버린다. 사실 내 몸을 지키는 가장 좋은 방법은 건강관리가 아니라 감정을 잘 관리하는 것인데 말이다.

감정 기복이 심할 때 쓰는
'모르쇠 전략'

　부정적인 감정이 생기는 진짜 이유는 사건 자체가 아니라 그 사건을 바라보는 사람의 시선과 태도, 그리고 관념에서 비롯된다. 이는 일상에서 발생하는 사건 중 10%만 사건 자체로 발생하고, 나머지 90%는 우리의 반응에 따라 결정된다는 미국 심리학자 레온 페스팅거Leon Festinger의 '90 대 10 법칙'과 같은 의미이다.

　일본 작가 와타나베 준이치渡邊淳一는 자신의 저서에 '둔감력'에 관한 이야기를 담았다.

　이제 막 데뷔한 신인 작가 와타나베 준이치는 한 문예 살롱에서 재능이 많은 작가 A 씨를 알게 되었다. 비슷한 시기에 문학계에 입문한 두 작가는 똑같이 편집자에게 퇴짜를 맞았다. 와타나베 준이치는 이 일을 대수롭지 않게 받아들였다. 그는 이럴 땐 일단 '그 편집자 말이야, 소설의 '소'자도 몰라, 그러니까 내 재능을 못 알아본 거지. 멍청한 새끼!'라고 욕을 퍼부으며 자신을 위로한다고 말했다. 그런 다음 도쿄 신주쿠의 싸구려 술집으로 달려가 밤새 술을 퍼마시고, 다음 날 술이 깨면 다시 기운을 차리면 그만이었다.

반면 자신의 재능을 자부하던 A 씨는 퇴짜를 맞았다는 사실에 무너졌다. 더 정확하게는 그 후에 생긴 부정적인 감정에 굴복한 것이다. 그는 암울한 표정으로 머리를 긁적이거나 한숨만 푹푹 내쉬고 있었다. 신작 창작에 대한 그 어떤 욕망이나 의지도 찾아볼 수 없을 정도였다.

똑같은 일을 겪어도 사람에 따라 상이한 반응과 감정을 보이고, 동일인일지라도 문제를 바라보는 시각을 변화시키면 전과는 다른 느낌을 받게 된다. 자신의 감정을 컨트롤하기 위해서는 사고를 전환하는 방법을 익히고, 감정과 기분은 후천적인 훈련과 학습을 통해 변화시킬 수 있는 만큼 스스로 통제가 가능하다는 점을 인식해야 한다.

부정적인 감정을 컨트롤하는 능력을 배양하고 싶다면 다음의 방법을 활용해 보자.

1. 둔감력 배양

'다른 사람이 메시지에 바로 답장하지 않는다. 혹시 내가 말실수를 한 건 아닐까?', '상사가 화난 눈빛으로 나를 쳐다봤다. 혹시 실수한 게 있나…'

이렇게 외부 반응에 지나치게 예민한 경우, 감정 기복이 심해지고 마음이 심하게 흔들린다. 사실은 전혀 그렇지 않은데도 말이다.

모든 부정적인 감각은 단순한 과민 반응이나 지나친 우려 때문에 생겼을 수 있다. 다른 사람이 답변이 늦었던 건 어쩌면 제때 확인을 못 했기 때문일 수 있고, 상사의 눈빛이 화나 보였던 건 상사 자신에게 화가 났었던 것일 수도 있다.

와타나베 준이치가 언급한 '둔감력'은 이런 예민함에 대처하는 좋은 방법이다. '둔감력'이란 말 그대로 둔감한 힘이다. 일상의 좌절과 상처에 지나치게 예민하게 대응하지 않고, 침착하게 대처하라는 뜻으로 '얼굴은 두껍게, 아량은 크게, 감각은 무디게' 하라는 표현과 일맥상통한다.

2. 주의력 분산

중국 드라마 〈무림외전武林外傳〉 속 궈푸룽郭芙蓉은 성격이 과격한 캐릭터다. 툭하면 이유 없이 화를 내는 바람에 주변의 무고한 사람들이 다치기 일쑤였고, 그녀 자신도 이런 성격 때문에 괴로워했다. 어느 날 한 수재秀才가 그녀에게 한 가지 방법을 제안했다. 바로 "이토록 아름다운 세상에 이렇게 난폭한 성격이라니…. 이러면 안 되는 거야, 안 돼."라며 항상 주문을 외우는 것이다. 이렇게 몇 번 주문을 외우자 그녀가 화를 내는 빈도가 점차 줄어들었다. 그녀가 사용한 방법이 바로 주의력을 분산하여 감정을 통제하는 방법인데, 주문을 외우는 것 외에도 숫자를 세어 감정의 대상을 전환한다든가, 현장을 신속하게 벗어남으로써 화를 다스리는 방법도 있다.

3. 몸을 단련하는 건강한 습관

관련 연구에 따르면 운동을 하면 즐거움을 느끼게 하는 도파민이 분비된다. 그래서 운동을 통해 체내의 도파민 분비를 촉진하면 대뇌에 쌓인 부정적인 감정을 지울 수 있다. 감정이 평온해지면 태도가 밝아지고, 태도가 밝아지면 고목에 꽃이 피는 것처럼 몸도 생기를 되찾을 수 있다.

65세 의사 장레이張蕾는 남송 시대의 시인 육유陸游의 "마음이 평안하면 병은 스스로 치료된다心安病自除."라는 말을 스스로 증명했다. 수영을 통해 항암치료를 견디고, 수영 챔피언 타이틀까지 거머쥔 그녀는 암을 극복한 비결로 '조급해하지 않기'를 꼽았다. 이것은 평온하고 담담히 병을 대하는 방법이다.

긍정적인 태도와 평온한 마음이 치료를 위한 독한 약도 이겨낼 수 있게 해줬다. 그러니 자신을 사랑하되 몸뿐만 아니라 마음까지도 사랑하자. 몸은 마음을 따라 움직이니 스스로를 너무 몰아붙이지도, 괴롭히지도 말자.

미국의 생물학자 윌리엄 프레이William Frey가 말했다.

"눈물을 억지로 참는 것은 천천히 자살하는 행위나 마찬가지다."

진지하되 심각하진 않게, 감정 기복이 심할 때 가끔 '모르쇠' 전략
을 써도 무방하다. 이성적인 '모르는 척'은 위험을 제거해 주고, 현명
한 '모르는 척'은 갈등을 해소해 준다.

삶은 아름답고 우리의 인생도 그만한 가치가 있다. 자신을 구할
수 있어야 운명도 바뀔 수 있다는 사실을 명심하자.

인생을 나락으로 몰아가는
감정 소모

'메신저 회신이 느려졌어. 그이가 이제 날 싫어하는 거 아닐까?'
'상사한테 실수로 '○○님'이 아니라 '너'라고 했어. 날 버릇 없는
사람이라고 생각하지 않을까?'
'이 정도 일도 제대로 못 한다니, 난 루저가 확실해.'

사람들 대부분은 매일같이 다양한 내적 갈등과 끊임없는 자아 충
돌, 그리고 끝이 없는 정신적 감정 소모를 겪는다.
심리학에서 '감정 소모'에 대한 설명은 이렇다.

'사람들은 자아를 관리할 때 심리적 자원을 소모한다. 그 자원이
부족해지면 내적 소모 상태에 놓일 수 있는데, 이런 상태가 장
기간 지속되면 극심한 피로감을 느끼게 된다.'

많은 이들이 이런 정신적 괴로움 때문에 일과 삶에서 발전도 이루지 못하고, 자각도 하지 못한 채 자신의 내적 울타리에 갇혀 일생을 허비한다.

학창 시절 내겐 '공부의 신'이라 불리는 절친이 있었다. 분명 명문대에 입학할 수 있는 실력이었지만 웬일인지 그녀는 전문대에 겨우 합격했다. 그런 그녀가 자신이 겪었던 일을 들려주었다.

중학생 시절, 그녀는 1등을 놓친 적이 없는 명실상부한 '공부의 신'이었다. 그녀는 부러움에 가득 찬 친구들의 시선과 선생님들의 계속되는 칭찬이 선사하는 우월감을 즐겼다.

하지만 고등학교에 입학하자 더 큰 세상이 펼쳐졌고, 뛰어난 학생들 사이에서 그녀는 더 이상 눈에 띄지 않았다. 그녀는 처음으로 선생님들이 생각하는 자신의 '순위'를 걱정하며 시시각각 선생님들이 자신에게 얼마나 관심을 가지는지에 촉각을 곤두세우기 시작했다. 수업 시간이 되면 선생님이 자신을 호명하지 않을까 봐 두려웠고, 그래서 선생님의 예쁨을 못 받을까 봐 불안했다.

걱정에 사로잡힌 그녀는 깊은 수렁에 빠졌다. 점점 수업에 집중할 수 없었고, 성적은 바닥을 치기 시작했다. 선생님들의 관심을 받지 못하자 성적은 참혹한 수준으로 떨어졌다. 깊은 밤이 되면 그녀는 침대에 얼굴을 파묻고 조용히 눈물을 흘렸다. 한동안 괴로운 시간을 보낸 그녀는 공상을 하며 내면의 감정을 위로했다. 원래의 성적을 회복하고 다시 선생님의 칭찬을 받는 상상 속 장면이 머릿속을 가득 채웠다. 그렇게 걱정과 공상 사이를 헤매고 다녔으니 당연히 성적은 오르지 않았고 그녀는 결국 전문대에 만족해야 했다.

모든 이성과 에너지가 내면의 감정에 점령당해 공부에 쏟아야 하는 집중력이 모조리 소진되고 만 것이다. 비현실적인 공상은 깊은 늪에 빠져 허우적대는 그녀를 구원해 주지 못했다.

세상 모든 것에는 원인과 결과가 있다. 상상 속 세계에서의 헛된 투쟁은 오직 고통만을 더할 뿐 영원히 현실 속 결과를 바꾸지 못한다.

본인이 가진 에너지의 80%를 감정 소모에 사용하고, 나머지 20%로 제대로 된 삶을 살려면 당연히 힘들 수밖에 없다. 그러니 감정 소모를 멈추고 중요한 일에 목표를 두자. 한 걸음씩 발자국을 남기다 보면 어느새 걱정이 사라지는 놀라운 경험을 하게 될 것이다.

▎ 자신에게로 시선을 돌려라

어느 날 한 사이트에 올라온 질문을 보았다.

"다른 사람의 시선을 받는다는 건 어떤 느낌일까?"

그리고 눈에 띄는 답변을 발견했다.

"다른 사람이 아닌 너 자신에게 시선을 둬. 인생이 점점 즐거워질 거야."

그렇다. 현실 세계에는 타인의 시선 속에 사는 것이 익숙해진 나머지 자신을 그 속에 가둬버리는 사람들이 너무나 많다. 반면 절대 자신의 인생이 다른 사람의 시선이나 언어에 결정되게끔 내버려 두지 않고 운명을 손에 꼭 쥐고 있는 사람도 있다.

배우 자오리잉趙麗穎은 〈성공연강星空演講〉이라는 강연 프로그램에서 자신을 '부정否定' 가운데 성장한 배우라고 소개했다. 11년째 배우로 활동 중인 그녀는 초반 7년 동안은 줄곧 조연 역할만 맡았다. 7년이라는 긴 시간 동안 그녀는 '얼굴이 동그란 배우는 주연을 할 수 없다'는 등 끊임없이 자신을 부정하는 말을 들어야 했다. 그런데도 그녀는 다른 사람의 말에 흔들리지 않았다. 배우의 가치를 얼굴형으로만 평가할 수는 없다고 확신했기 때문이다. 그녀는 묵묵히 맡은 배역의 캐릭터에 공을 들이며 기회를 기다렸다. 1년 365일 중 300일 이상을 현장에서 보내며 자신만의 길을 걸어온 그녀는 노력은 배신하지 않는다는 말을 증명이라도 하듯 대중에게 가장 사랑받는 톱 여배우가 되었다.

중국 명나라 때 집필된 『증광현문增廣賢文』에 '누구나 뒤에서는 욕을 먹고, 누구라도 뒤로 가면 험담을 한다.'라는 구절이 있다. 의심에 찬 평가와 부정적인 목소리는 어디에나 존재한다는 의미다. 당신이 의기소침하게 굴면 사람들은 부정적인 평가를 내리고, 자신감 있게 행동하면 인정과 존경의 눈빛을 보낸다. 사람들의 평가는 당장 눈앞에 보이는 모습에 대한 것일 뿐이다. 당신이 바라는 존경과 칭찬은 자신의 가치를 차곡차곡 쌓아야 얻을 수 있다.

자신의 가치는 본인 스스로 만들어 가는 것이지 다른 사람의 평가나 시선에 의해 결정되지 않기 때문이다.

기나긴 인생의 여정에서 타인의 평가에 좌지우지되지 않고 마음의 소리를 따라 목표를 향해 한 걸음씩 전진하는 것, 이것이야말로 삶에 대한 가장 바람직한 태도이지 않을까?

▍옳은 곳에 에너지를 투입하라

감정 소모를 겪는 사람에게는 보통 두 가지 '자아'가 있다. 첫 번째는 성장을 위해 부단히 노력하는 자아이고, 두 번째는 제자리에서 꼼짝도 하기 싫어 필사적으로 막아서는 자아이다. 이런 자아의 방해를 극복하고 내면의 자유와 무한한 에너지를 얻고 싶다면 다음의 세 가지 방법을 시도해 보자.

첫째, 사실과 견해를 구분해 독립적으로 사고하기

대인 관계를 맺다 보면 타인의 의견이 형태 없는 감옥처럼 우리의 생각을 조여오는데도 이를 지나치게 중요하게 생각하는 사람들이 있다.

문제는 대부분 그들의 의견은 자신의 호불호를 토대로 좋고 나쁨을 평가하기 때문에 주관적인 색채를 띤다는 데 있다. 그러니 다른 사람의 '판단'과 '견해'는 사실이 아닐 때가 많고 공정성과 객관성이 결여된 경우도 적지 않다.

따라서 타인의 평가를 받으면 오해의 소지가 없도록 넓은 시각으로 의견과 사실을 구분하는 법을 배워야 한다. 상대방의 말이 사실이라면 그 의견을 겸허히 받아들여 부족한 점을 고치고, 부족한 점이 없다면 자신을 더 격려하면 된다. 그래야 외부의 소리에도 흔들림 없이 자기계발에 에너지를 쏟고 사업적 성취를 위한 더 큰 역량을 발휘할 수 있다.

둘째, 실행력 높은 행동으로 걱정 타파하기

"항상 불안에 떨고 걱정에 사로잡힌 사람들은 대개 미래에 대해 너무 많은 생각을 하는 경향이 있다."라는 작가 마쓰우라 야타로松浦弥太郎의 말처럼 고민과 걱정이 생기는 이유는 생각만 많고 그만큼 실천에 옮기지 않기 때문이다.

아직 시작도 안 한 상태에서 앞으로 여정이 험난할 거라고 걱정하고, 난관을 극복하지 못할 거라며 지레 겁을 먹으면 아무리 고민해봤자 아무것도 이룰 수 없다. 행동에 옮기지 않으면 당신이 부딪힐 모든 좌절, 어려움과 실패는 모두 망상에 불과할 뿐, 직접 행동해야만 실질적으로 유의미한 피드백을 얻을 수 있다. 이 과정에서 문제가 생기면 개선하면 되고, 장애에 부딪히면 뛰어넘으면 된다. 그러다 보면 처음 시작할 때의 두려움과 걱정은 어느새 만족감으로 대체되고 예전엔 없었던 자신감과 용기가 자라난다. 점차 다른 사람과 격차가 벌어지면서 당신이 바라던 미래도 조금씩 가까워질 것이다.

셋째, 자신을 받아들이는 용기로 두려움에 맞서기

자신의 모습이 완벽하기만을 고집하며 평생 평범한 자신을 받아들이지 못하는 사람들이 많다. 운명은 공평해서 문을 하나 닫으면 반드시 다른 문을 열어준다. 다만, 자신을 받아들일 줄 알아야만 본인에게 열린 문을 찾을 수 있다.

자신을 받아들인다는 것은 자아와 타협하여 운명 앞에 무릎을 꿇으라는 말이 아니다. 내려놓음을 통해 자신의 불완전한 모습을 인정해야 한다는 의미다. 부족한 자신의 모습을 그대로 받아들여 오래 곪은 마음의 상처를 과감히 드러내고, 무의미한 일에 시간과 에너지를 소모하는 일을 단호히 차단하자. 그래야 더 많은 가능성을 발견하고 새로운 인생의 문을 활짝 열 수 있다.

심리학자 우즈홍武志紅이 이런 말을 했다.

"우리의 생각은 손오공처럼 공중제비 한 번에 십만 팔천 리를 뛰어넘을 수 있지만, 우리의 몸은 삼장법사처럼 한 걸음씩 땅에 발을 내디뎌야 서천西天에 도착할 수 있다."

걱정이나 근심, 또는 감정 소모에 빠지면 에너지가 조금씩 고갈되고 행동력에 문제가 생긴다.

우리의 가장 큰 적은 사실 내면에 있다. 정신적인 감정 소모에 사로잡힌 내면은 고삐 풀린 야생마처럼 우리의 마음을 불안하게 만든다.

고민과 걱정에 너무 많은 시간과 에너지를 쏟지 않기, 이것이야말로 성인에게 필요한 가장 큰 자제력이 아닐까? 우리 내면의 고통에 대한 유일한 창조자이자 종결자는 언제나 우리 자신이다. 그러니 감정 소모를 줄이고 즐거움과 조화로움을 누리며 당신이 주인이 되는 인생을 살기 바란다.

억지 더하기는 조금만,
과감한 빼기는 많이

미국 작가 레이디 클로츠Leidy Klotz가 누구나 고심할 만한 질문을 던진 적이 있다.

"왜 어떤 것은 누군가의 삶을 전혀 개선시키지 못하는데도 우리 는 그걸 거부하지 못할까요?"

맞는 말이다. 사람들은 많은 것을 가질수록 선택의 폭이 넓어지 고 인생의 출구도 다양해질 거라는 사고의 오류에 빠져서 아무것도 버리지 않고, 아무것도 내려놓지 않으려 한다.

사실 우리의 인생을 정말로 멀리 데려가는 요소는 '억지 더하기가 아닌 과감한 빼기'인데 말이다.

강단 있는 선택과 과감한 포기, 이 모든 것은 강해지기 위한 시작이다.

훌륭한 사람은 세 가지를 포기할 줄 안다. 바로 '복잡한 대인 관계, 중구난방인 목표, 지나친 물욕'이다.

▌복잡한 대인 관계는 시간 낭비

중국의 리상룽李尚龍 작가가 대인 관계에 관한 인상 깊은 경험을 들려주었다.

대학 시절 인맥을 쌓는 데 심취해 무려 세 개의 동아리에 가입한 그는 동아리 활동이라면 무조건 참석하고, 다른 동아리 회원들과 전화번호를 교환하면 그것을 자랑거리로 삼았다.

그러던 어느 날 그는 교수를 한 명 소개받았다. 교수와의 관계를 더 돈독히 하고 싶었던 그는 교수가 야간 당직을 한다는 소식에 특별히 과일 두 봉지를 사 들고 당직 시간에 맞춰 찾아가기도 했다. 얼마 뒤 공산당 입당 신청서를 작성하던 리상룽은 부푼 기대를 안고 교수에게 도움을 청했다. 하지만 그에게 돌아온 건 냉정한 한마디뿐이었다. "시간 없네."

몇 년이 지난 어느 깊은 밤, 교수가 된 리상룽에게 그때 그 교수의 전화가 걸려왔다. 교수는 간단한 안부를 물은 후에 본론을 꺼냈다. 자기 아들이 수업을 받을 수 있도록 믿을만한 교수를 추천해달라는 부탁이었다.

리상룽의 부탁을 단칼에 거절했던 교수가 언제 그랬냐는 듯 웃는 얼굴로 도움을 청한 것이다. 그 순간 리상룽은 꿈에서 깨어나듯이 '모든 유의미한 대인 관계는 동등한 보상이 뒷받침되어야 한다'는 사실을 깨달았다. 상대방에게 가치 있는 보상을 주지 못하는 관계는 무의미한 관계에 불과하다.

대학생 시절의 리상룽처럼 더 많은 정보와 이익을 얻기 위해 인맥 쌓기와 교우 활동에 몰두하지만, 결과적으로 아무런 수확도 얻지 못하는 사람이 우리 주변에도 셀 수 없이 많다.

이런 사람들은 친구가 많을수록 연결고리도 늘어난다는 말을 철석같이 믿지만, 이는 오해에 불과하다. 진정한 연결고리는 나의 능력을 전제로 이어져야 하기 때문이다. 각종 네트워크 활동에서 문어발식으로 알아놓은 친구는 그저 술자리에서 오간 거짓 우정이자 가면 놀이에 불과하다.

대인 관계는 다다익선이 아니다. 지나치게 복잡하고 맹목적인 대인 관계를 추구하면 '사교 유일론' 같은 함정에 빠져 자신의 가치를 잊게 된다.

시간은 누구에게나 더없이 소중하다. 그러니 이제라도 무의미한 네트워크 활동을 정리하고 내게 주어진 시간과 에너지를 더 가치 있는 사람과 일에 쏟길 바란다.

중구난방인 목표는 에너지 낭비

한동안 나는 신경성 이명에 시달렸다. 심리적인 측면에서 원인을 찾아보니 내가 너무 많이 바라는 것이 화근이었다.

나는 회사에 출근하면서 책을 집필하는 동시에 1인 미디어 계정을 운영했다. 내게 주어진 에너지와 시간이 한정적이기 때문에 한 가지에만 집중해야 한다는 사실을 나도 알고는 있었다. 그런데도 나는 맹목적으로 동시에 여러 가지 일을 다 잘할 수 있다고 자신했다. 당시의 나는 쉼 없이 달려갔다. 차분한 마음으로 주제를 선정하고, 글을 쓰기 위한 틀을 짜는 데 집중해야 했지만, 글을 쓰다가도 1인 미디어 계정을 업데이트해야 한다는 생각이 들면 허겁지겁 아무렇게나 글을 마무리 지어 버리곤 했다.

그랬다. 글쓰기라는 목표도 달성해야 하고, 1인 미디어 업데이트라는 미션도 완수해야 한다는 강박 때문에 나는 오밤중까지 허둥거렸다. 그래서 근무시간 동안 벌겋게 충혈된 눈으로 밀려오는 졸음과 싸우느라 온종일 하품을 해대기 일쑤였다. 그러다 한번은 고객정보를 잘못 보는 심각한 실수를 저질러 상사에게 호되게 핀잔을 들었다. 그 후로도 수면 부족과 불규칙한 휴식 때문에 종일 초긴장 상태로 지내는 날들이 이어졌다.

그러던 어느 날부터 귀에서 웅웅거리는 소리가 들리기 시작했고, 소리는 귀에 뿌리를 내린 것처럼 어떻게 해도 사라지지 않았다. 결국 나는 의사에게 진료를 받고 나서야 신경성 이명에 걸렸다는 사실을 알게 되었다.

분신술로 두 마리 토끼를 잡으려던 나는 결국 아무것도 잡지 못했다. 제대로 된 글도 쓰지 못했고, 1인 미디어 운영도 큰 성과가 없었을뿐더러 진료비 청구서까지 날아들었다.

실제로 나와 같은 경험을 하는 사람이 적지 않을 것이다. 분명한 것은, 더 많이 원할수록 더 많이 잃게 되고, 여러 분야를 동시에 시도할수록 결국 아무것도 남지 않는다는 사실이다.

목표가 많다고 좋은 것은 아니다. 분명 목표는 성공을 이루는 기본 조건이지만, 성공의 핵심이 될 수는 없기 때문이다.

성공하려면 잡념을 비우고 어디에 중점을 둘지, 어떤 일과 사람을 포기할지를 분명히 한 다음 목표를 정확하게 파고들어야 한다. 큰 야망을 품었다면 빨리 성공하고 싶은 게 당연하다. 그렇지만 현실적인 고민 없이 무작정 뛰어들면 오히려 손해를 입을 수 있다. '첫술에 배부르랴'라는 말처럼 목표를 간결하게 만드는 방법을 모르는 채 무리하면 결국 더 큰 대가를 치르게 된다.

▌지나친 물욕은 감정 낭비

CCTV에서 방영한 다큐멘터리 〈생활의 빼기生活的減法〉에 정리 전문가 샤샤<ruby>飛飛<rt></rt></ruby>가 특별한 집주인을 만나는 장면이 방영된 적이 있다. 신청자의 집에 막 들어선 순간, 그녀는 눈 앞에 펼쳐진 장면 때문에 얼어붙고 말았다. 집 안은 아무렇게나 쌓인 물건들로 발 디딜 틈조차 없었고, 거실은 옷이 산처럼 쌓여 쓰레기장을 방불케 했기 때문이었다.

집주인은 옷과 매치하기 위해 디자인이 같은 신발이라도 색상별로 몽땅 구매한다고 말했다. 온 집안 식구들이 미친 짓이라며 말렸지만, 식구들의 반대에도 불구하고 도둑처럼 몰래 물건을 사고 구석구석 숨겨 놓았다. 하루는 딸이 신나게 노래를 부르며 즐겁게 집에 돌아오다가 집에 도착하자마자 얼굴을 잔뜩 찌푸리며 짜증을 냈다고 한다. "이게 다 뭐야! 너무 더러워!" 그 순간 집주인은 자신이 소비 욕구에 사로잡혀 식구들을 고통스럽게 했다는 사실을 깨달았다.

결국 그녀는 물건을 버리기 위해 정리 전문가에게 도움을 청했다.

힘겨운 과정이었지만 집주인은 딸을 생각하며 이를 앙다물었다. 잡다한 물건을 모두 버림으로써 소비 욕구를 억제하려는 계획이었다.

'버리기'란 사실 물건에만 해당하는 것이 아니라 내면의 욕망까지 포함해야 한다. 그런 의미에서 보면 집주인이 집안의 물건을 정리하는 것도 버리기의 첫 단계에 불과했다. 버리기의 진짜 핵심은 물건에 대한 욕망을 줄이는 것이며, 물질에 대한 과도한 욕망을 끊어내야만 현재의 삶을 여유롭게 즐길 수 있다.

다행히 다큐멘터리의 말미에는 집주인이 두 달 후에도 새 옷을 사지 않고 집을 깨끗하게 유지하고 있는 모습이 담겼다. 마침내 물욕 억제에 성공하며 지저분한 삶과도 작별을 고한 것이다.

다큐멘터리 〈인류人類〉에 이런 대사가 나온다.

"우리는 불필요한 수많은 수요를 만들어 낸다. 계속해서 물건을 사고, 사고 나면 버린다. 이것이 우리가 낭비 중인 인생이다."

물론 물건이 내면의 공허함을 채워주고 안정을 찾아줄 수도 있다. 하지만 그 물건에 먼지가 쌓이고 쓰레기로 전락하는 순간에도 이런 소비가 유의미하다고 볼 수 있을까? 내면의 물욕에 맞서지 못하면 아무리 많은 물건을 가져도 삶의 즐거움을 찾을 수 없다.

"모든 일이 당신에게 적합할 순 없고, 당신에게 적합한 모든 일을 할 수도 없다. 여러 개의 줄에 묶인 상태로 얼마나 멀리 뛸 수 있겠는가?"라는 말을 보고 크게 공감한 적이 있다.

욕망은 끝이 없고, 원하는 물건도 계속해서 생기기 마련이라 아무리 힘들어도 필사의 각오로 주변 사람과 일을 선별해야만 장기적인 발전을 도모할 수 있다.

나에게 집중하고 자본을 축적하기 위한 에너지를 얻으려면 대인 관계를 간소화해야 하고, 진리와 실리 추구를 위한 시간을 가지려면 명확한 목표를 세워야 하며, 몸과 마음을 정리하고 현재를 즐기려면 물질에 대한 집착을 버려야 한다.

모든 성공의 이면에는 결연한 의지와 끝까지 해내려는 인내심이 깔려있다. 지금 당신이 떠나보내고, 버리고, 포기하는 것들이 훗날 훨씬 큰 보상으로 되돌아올 것이다.

피폐함의 척도 : 단편화된 정보에 얼마나 오랫동안 노출되었는가?

정보가 폭증하는 오늘날, 한 사람을 피폐하게 만드는 가장 빠른 방법은 무엇일까?

정답은 바로 단편화된 정보에 장기간 노출시키는 것이다.

아무리 똑똑한 사람이라도 정보를 기계적으로 습득만 하고, 능동적으로 사고하는 시간이 짧아지면 결국 사고력이 둔화되고 만다.

사람들은 숏폼에 올라온 동영상을 훑어보며 지식을 쌓고 있다고 착각하는데 사실 단순히 알고만 있는 지식은 완전히 습득했다고 보기 어렵다. 단편화된 정보는 마음을 안정시키기 어렵고, 스스로 사고하는 과정을 멈추게 만들고, 사고하는 과정이 멈추면 시야가 좁아지고 사유의 성장이 멈추기 때문이다.

훌륭한 사람은 단편화된 정보의 꼭두각시가 되기보다 자신의 가치를 제고하는 데 유의미한 정보를 활용한다.

▍정보화 장기 수용은 일종의 재난

우리 주변에 이런 유형의 사람들이 꼭 있다. 역사나 최신 뉴스는 물론 금융과 경제, 연예계 가십까지 줄줄이 꿰고 있거나, 어떤 주제가 던져져도 막힘없이 술술 답한다. 이들은 주변 사람보다 훨씬 다양한 지식을 쌓은 것처럼 보이지만, 정작 속내를 들여다보면 단순히 알고만 있는 사람들이다.

내 주변에서는 인혜가 바로 그런 '척척박사'였다. 그녀는 유행에 민감하고 특히 연예계 뉴스에 관심이 많았다. 각종 연예계 가십과 연예인에 관한 최신 뉴스라면 모르는 게 없던 그녀는 종종 채팅 그룹에도 정보를 공유해 주곤 했다.

인혜도 처음에는 이런 정보를 가볍게 즐겼다. 그러나 시간이 지나면서 이런 정보들이 자신의 일상과 직장 생활에 영향을 미치고 있다는 사실을 깨달았다. 그녀는 사무실에 출근해서도 습관적으로 몇 분에 한 번씩 핸드폰을 들여다보다가 상사에게 여러 번 지적을 받았고, 퇴근 후에도 혹시라도 놓친 뉴스가 있을까 봐 숏폼에 올라온 최신 뉴스를 확인하며 핸드폰을 놓지 않았다.

단편화된 정보에 장기간 노출되면 일시적으로 지식이 늘어난 것처럼 보일 수도 있다. 하지만 이로 인한 악영향도 적지 않다. 단편화된 정보를 맹목적으로 수용하는 것은 일종의 재난이나 다름없다.

알고 있는 지식을 자기 것으로 체화하는 과정을 거쳐야만 학습한 내용을 제대로 응용할 수 있는데, 독서는 이런 사고의 공간을 넓혀주지만, 숏폼 같은 단편화된 정보는 그럴 수 없기 때문이다.

중국 기업가 돤융핑段永平 회장은 "대학을 졸업하고 나자 그동안 읽었던 책이 한 권도 생각나지 않았어요. 책을 많이 읽는 게 무조건 좋은 건 아니에요. 중요한 건 얼마나 이해할 수 있는가죠."라고 했다. 그는 평소에 업무를 보다가 자신에게 부족한 점이 보이면 목적의식을 가지고 책과 강연을 통해 관련 지식을 습득하고, 습득한 이론과 방법을 현재 진행 중인 프로젝트에 접목해 본다. 그는 이런 습관을 통해 뛰어난 비즈니스 리더가 되었고, 세계적인 부호의 반열에도 올랐다.

정보가 폭발하는 시대에 살고 있는 우리는 내게 꼭 필요한 정보가 무엇인지를 정확히 알고 있어야 한다. 평범한 사람들은 대개 대량의 정보를 접하고 '아는 수준'에 머물지만, 뛰어난 사람들은 유의미한 정보를 선별하여 사고의 수준을 높이고, 한 단계 더 나아가 이를 자신의 인지 능력을 제고하는 데 사용한다.

▌ 문제는 방대한 정보량이 아닌 부족한 사유의 시간

정보의 홍수 시대에 사는 우리는 더 많은 정보를 더 쉽게 접하고 있지만, 조용히 사고할 수 있는 시간은 점점 줄어들고 있다. 단편화된 지식이 우리의 사고 능력을 조금씩 감퇴시키고 있기 때문이다. 사고하기를 귀찮아하는 사람이 '엘리트'에만 머물 뿐 '진정한 엘리트' 가 되기 어려운 이유도 이 때문이다.

　독서도 마찬가지다. 작년에 나는 52권의 책을 읽겠다는 계획을 세웠다. 매주 한 권의 책을 읽고, 다 읽은 책은 책장에 다시 꽂아두었다. 연말을 맞아 한 해를 정리하던 나는 문득 그 52권의 내용을 거의 다 잊어버렸다는 사실을 깨달았다. 나중에『효과적으로 책 읽는 방법如何有效閱讀一本書』이라는 책을 읽고 나서야 제대로 소화하지 않은 지식은 내 것이 아님을 알게 되었다. 학습한 내용을 이해하고 내 생활 속 어떤 상황에 적용할 수 있는지까지 사고하는 과정을 거쳐야만 그 지식을 제대로 가질 수 있는 것이다. 그래서 나는 책 내용을 소리 내어 읽고, 독서 노트와 서평을 작성하면서 책 속의 지식을 소화하는 동시에 글쓰기 능력을 훈련하는 방법을 택했다.

　"머릿속에서 멀리 걸을수록 현실 속 걸음이 더 안정된다."라는 말을 들은 적이 있다. 사고의 깊이를 더해야 사유의 한계를 깨트릴 수 있다는 의미다.

　투자가 펑룬馮侖은 한 강연에서 모 치약 회사가 치약 매출을 증가시킨 일화를 들려주었다. 그 회사는 4년 연속 시장 점유율이 두 자릿수로 증가하던 상황이었다. 그런데도 한 영업이사는 연간 매출액을 20% 늘리겠다는 목표를 세웠다. 직원들 대부분은 현실적으로 불가능한 목표라며 불만을 토로했고, 몇몇 부서의 팀장들만 울며 겨자 먹기식으로 신제품 개발에 박차를 가하거나 마케팅 방안을 세우기 시작했다.

그렇게 두 달이 지났지만, 치약 판매량에는 아무런 변화가 없었다. 그 무렵 새로 입사한 한 인턴은 치약 시장의 경쟁 구도를 분석하고, 본사 치약이 가격이나 기술적으로 큰 우위가 없다는 판단을 내렸다. 대신 그는 소비자층의 양치 습관을 기반으로 치약의 입구를 6mm로 확대하자는 아이디어를 제시했다. 연구 비용도 필요 없는 이 방안은 뜻밖에 소비자의 회당 치약 사용량을 늘리는 데 성공했다. 그로부터 1년 후, 치약 회사의 판매량은 무려 32%나 증가했다.

평범한 사람들은 정보의 피상적인 단면만을 받아들일 뿐, 이면에 있는 원인에 대해서는 생각하지 않는다. 이처럼 우리가 처한 환경은 쉽게 바꿀 수 없지만, 정보를 대하는 태도는 얼마든지 바꿀 수 있다. 그러니 여러분도 부디 사고의 깊이를 더해 정보의 꼭두각시나 패스트푸드식 정보의 수거함이 되지 않기를 바란다.

▍학습은 사고의 능력을 키우는 것

훌륭한 사람들은 정보의 거대한 흐름 속에서도 독립적인 사고의 능력을 잃지 않고 자신을 업그레이드할 기회를 잡는다.

음악가 리젠李健은 스마트폰이 보편화된 요즘에도 독특한 생활 습관을 유지하는 것으로 유명하다. 그는 스마트폰도, 채팅앱도 쓰지 않는다. 대신 오래된 노키아 핸드폰을 사용하고 식구들과도 문자로 연락한다.

리젠은 스마트폰은 기능이 많은 만큼 유혹도 많아서 정신이 자꾸 흐트러지고 창작 활동에 집중하기 어렵다며 고충을 토로했다. 그는 스마트폰을 멀리한 대신 책을 사고, 책 속에서 음악적 영감을 찾고, 책 속 이야기와 음악을 결합하여 자신만의 음악 스타일을 구상하는 데 모든 시간을 쏟았다. 그리고 현재는 〈전기傳奇〉, 〈풍취맥랑風吹麥浪〉 등 여러 음악 작품을 통해 유명한 '음유시인'으로 인정받고 있다.

요즘 나는 "사고해야 내가 읽은 내용이 진정한 내 지식이 된다."라는 말을 좋아한다. 알고만 있는 지식은 뇌의 한구석에 잠시 머물러 있는 것일 뿐, 완전한 내 것이 아니기 때문이다. 평범한 사람들은 정보를 수동적으로 받아들이지만, 뛰어난 사람들은 불필요한 정보를 거르고 유익한 정보를 흡수한다. 그런 의미에서 심층적인 사고는 정보의 홍수 속에서 살아남기 위한 개인의 능력이라고도 할 수 있다.

아인슈타인은 "학습이란 사실을 배우는 것이 아니라, 사고하는 능력을 키우는 것이다. 나도 이 방법을 통해 과학자가 되었다."라고 말했다.

정보가 넘쳐나는 인터넷 시대에 자신을 사고가 불가능한 정보 수거함으로 만들어서는 안 된다. 이런 상황을 방지하기 위해 방대한 정보를 수동적으로 받아들이는 대신 유용한 것을 선별하고 무의미한 정보를 차단하는 일부터 시작해 보기 바란다. 그런 다음 휴식 시간을 활용해 책을 많이 읽고, 몸을 더 많이 움직이며, 일하는 동안 깊이 사고할 수 있는 시간을 만들어 그동안 받아들인 단편화된 정보를 소화하는 것이 가장 중요하다. 정보를 처리하는 방법에 따라 사고방식이 결정되는 만큼, 정보의 홍수 속에서도 내면을 단단히 지키고, 단편화된 정보의 간섭을 차단함으로써 주도적인 삶을 살아가기 바란다.

인생을 필터링하는
멋진 인생

누구나 이런 경험을 한 번쯤은 해보지 않았을까? 핸드폰에 완전히 빠져서 멈추지 못하거나, 나에 관한 평판을 듣고 반성하며 변화의 필요성을 느끼거나, 누군가를 만나는 게 너무 불편한데도 그 관계를 유지하려 노력했지만 끝내 나만 힘들어진 경험 말이다.

사실 행복한 인생이란 '필터링'해서 만들어 내는 것임을 아는가? 삶에 '필터'를 추가하는 방법을 배우면 쓸모없는 정보는 필터링하고, 무의미한 평가는 무시하며, 힘든 관계는 끊어냄으로써 내면을 평온하고 간결하게 유지하기 위한 더 많은 공간을 확보할 수 있다.

▎미련 없이 필터링하기

"수많은 정보를 알 필요는 없다. 그저 내 삶과 관련된 정도만 알면 된다."라는 문장을 본 적이 있는데, 꽤 공감이 가는 말이었다.

정보가 폭증하는 시대라 그런지 정보를 선별하지 않고, 있는 그대로 받아들이는 데 익숙해진 경향이 있다. 그런데 과하면 모자란 것보다 못하다는 말처럼, 지나치게 많은 정보는 내면의 질서를 무너뜨리고 일상생활에도 영향을 미치기 마련이다.

예전에 한 네티즌이 올린 일화가 생각난다. 그녀의 친구 A 양은 일이 너무 힘들다는 말을 입에 달고 살았다. 처음에는 '회사라는 시스템 안에서 근무하는 게 제일 쉽지 않나?'라는 생각에 의아했지만, 친구의 설명을 듣고 나자 어이없는 웃음이 나왔다.

A 양은 아침에 출근하면 일단 시스템에 로그인할 준비를 한다. 그사이 모니터에는 '연예인 누구누구 또 불륜'이라는 팝업이 뜨고, 특종 기사를 놓칠 수 없다는 생각에 서둘러 클릭하고 읽다 보면 어느새 30분이 지난다. 시스템에 로그인하면 주말에 놀러 간다는 소식을 알려오는 동료와 자연스레 수다 삼매경에 빠져든다. 겨우 집중해서 업무를 보는가 싶으면 다른 친구들이 메시지를 보낸다. '라이브 방송에서 옷을 파격 할인 중이래.' A 양은 망설임 없이 라이브 방송을 켠다. 그리고 방송을 켜는 순간 반나절이 훌쩍 지난다. A 양은 퇴근 시간이 되어서야 일을 다 못 끝냈다는 사실을 깨닫는다. 또 야근해야 한다는 생각에 순간적으로 몸과 마음이 모두 지쳐 버린다.

사람도 나무통처럼 용량이 제한되어 있다. 그래서 과도한 정보가

입력되면 힘들어질 수밖에 없고, 쓸모없는 정보를 필터링할 줄 알아야 여유로운 생활도 가능해지는 것이다.

엘라나 무그단Elana Mugdan은 1년간 구식 폴더형 핸드폰을 사용하는 대회에 참가했다. 그동안 스마트폰을 손에서 떼지 않고 살았던 그녀는 대회 초반까지만 해도 쉽게 적응할 수 없었다. 그런데 단 일주일 만에 그녀의 생활은 완전히 뒤바뀌었다. 일단 업무 효율이 두 배나 상승했고, 불과 반년 만에 책을 30권 완독했다. 더 신기한 것은 대인 관계에 아무런 영향이 없었다는 점이었다. 오히려 매일 전화로 대화를 하다 보니 예전보다 관계가 더 돈독해졌다. 실험이 끝나자 그녀는 이렇게 말했다. "핸드폰을 그렇게 오래 들고 살았던 건 정말 시간 낭비였어요."

작가 리우퉁劉同은 이렇게 말했다.

"시간을 어디에 쓰는지에 따라 그 어딘가에 인생이란 꽃이 핀다."

인터넷을 하면 자극적인 정보에 정신이 팔려 차분하게 사고할 틈이 없어지고, 자극적인 정보만 머릿속에 쌓이다 보면 일상도 점점 뒤죽박죽 엉켜버리곤 한다. 그러니 불필요한 정보를 차단해야만 우리의 삶이 간결해지고, 인생의 의미도 발견할 수 있게 된다.

근심은 나를 옥죄는 족쇄

영화 〈나루토〉에 나온 유명한 대사가 있다.

"누군가가 너를 욕하는 건, 네가 그들보다 훨씬 멋지게 살고 있다는 뜻이야. 조롱은 너에 대한 칭찬이고, 험담은 너의 멋진 모습에 손뼉을 쳐주는 거야. 그들은 널 위한 승리의 찬가를 불러주고 있을 뿐이야."

돈은 누구에게나 환대받지만, 사람은 누구에게나 환영받을 수 없다. 이 웃픈 사실을 인식하고 타인의 조롱과 험담도 웃어넘길 줄 알아야 삶의 폭을 넓힐 수 있다.

1999년, 위치우위는 다큐멘터리 〈천희지여天禧之旅〉의 사회자로 초청받았다. 일개 작가가 사회자로 섭외되었다는 사실은 온갖 불만과 비난으로 이어졌고, '자격 미달', '유명세만 좇는 작가'라는 등의 내용을 담은 악의적인 기사도 1,800편 넘게 쏟아져 나왔다. 그런데도 그는 자신을 향한 수많은 비난에 반박하지 않고 담담히 말했다.

"말은 천리千里를 가도 먼지를 씻지 않는다. 내겐 아직 갈 길이 많이 남아서 몸에 묻은 작은 얼룩을 신경 쓸 틈이 없다."

몇 년이 지나 그의 저서 『문화고여文化苦旅』가 출간되자 어김없이 그를 평가절하하려는 의견이 여기저기서 들려왔다. 그의 책에서 백여 개의 오류를 찾아내 일일이 지적하고, 실질적인 내용 없이 신조어와 화려한 미사여구만 남발할 뿐이라고 비방한 사람이 있는가 하면, '감정을 무분별하게 남용한 품격 없는 낯간지러운 글'이라고 폄훼한 사람도 있었다. 심지어 누군가는 그를 자국의 문화를 존중하지 않는 문학계의 치욕이자 중국인의 비애라고 표현하기도 했다. 하지만 이런 상황에서도 위치우위는 흔들리지 않았다. 그는 다른 사람의 평가에 신경 쓰지 않고, 자신의 속도에 맞춰 글을 쓰고 작품을 읽으며 평상시와 똑같은 날을 보냈다. 그렇게 시간이 흐르자 그를 힐난하던 목소리도 점차 사라져갔다.

작가 한한韓寒은 『내가 이해한 생활我所理解的生活』이라는 저서에서 '일을 하는 것은 당신의 원칙이고, 험담은 타인의 권리다. 역사는 당신의 작품과 영광만을 기억할 뿐, 이룬 것 없는 사람들의 험담은 기록하지 않는다.'라고 했다.

세상을 살아가다 보면 어떤 위치에 있든 타인의 험담을 피할 수 없다. 이런 말들을 계속 마음에 담아두면 근심이 되고, 근심은 결국 족쇄가 되어 앞으로 한 걸음도 나아갈 수 없게 만든다. 그러니 험담을 인생을 스쳐 지나는 나그네 정도로 여기며 크게 신경 쓰지 않길 바란다. 그렇게 시간이 지나면 어느새 외부의 공격에도 흔들림 없는 당당한 인생의 주인공이 되어 삶의 주도권을 쥐고 있는 자신을 발견할 수 있을 것이다.

힘든 관계에 애쓰지 말고 필터링하라

한동안 즈후知乎(중국 지식공유 플랫폼)를 뜨겁게 달궜던 질문이
있다.

"친구와 함께하는 시간이 점점 지친다면 당신은 어떤 선택을 하
실 건가요?"

이에 가장 공감을 많이 받은 댓글은 이것이었다. "가는 길이 다르
면 서로 어울릴 수 없어요. 한쪽이 지쳐간다면 올바른 관계가 아니
죠. 헤어지고 각자 좋아하는 삶을 사세요."

좋은 관계는 아무리 많은 이야기를 나눠도 지치지 않고 서로 마음
이 편안하다. 반면 관계 유지가 힘겹게만 느껴진다면 그건 분명 잘
못된 관계다. 잘못된 관계가 이어지면 결국 사이가 나빠지고 무력
감은 배가 된다. 그러니 이제라도 손을 놓고 좋았던 감정만 남기는
게 훨씬 현명한 선택일 수 있다.

이제 막 대학에 입학한 한 네티즌은 같은 과 여학생에게 친근감을
느껴 자주 그녀의 기숙사를 찾아가 수다를 떨었다. 주말에도 시내

로 불러내 같이 쇼핑을 하거나 놀러 다닌 덕에 두 사람은 금세 친해졌다. 얼마 지나지 않아 그녀는 적극적인 자신에 비해 언제나 미적지근한 반응을 보이는 친구의 태도가 신경 쓰이기 시작했다. 서로 상극인 가치관 때문에 심각한 언쟁이 벌어지는 일도 드물지 않게 생겼다.

그녀가 영화 보는 걸 좋아한다고 하자 친구는 시간 낭비하지 말고 차라리 책이나 몇 권 더 보라며 핀잔을 주고, 길거리 꼬치를 먹으러 같이 가자는 제안에는 길거리 음식은 다 지저분한 불량식품인데 그런 걸 왜 먹냐며 무안을 줬다. 또 그녀가 남자친구와 헤어지고 속상한 마음에 눈물을 쏟자 친구는 실연이 큰 대수냐며, 겨우 남자 하나 때문에 그렇게까지 힘들어할 필요가 있냐는 반응을 보였다.

그녀는 대화할 때마다 친구의 취향을 신중하게 고려해 기분 상하지 않을만한 주제를 고르고, 식당에서 같이 식사할 때도 친구의 입맛에 맞는 요리를 고르기 위해 사전에 메뉴를 일일이 검토해야 하는 이런 관계가 점점 피곤하게 느껴져 결국 두 사람의 관계를 끝내고 말았다.

흥미로운 질문과 계산 결과를 본 적이 있다. 현재 전 세계의 인구는 약 75억 명이다. 그렇다면 한 사람이 평생 스치거나 마주치는 사람은 몇 명일까? 정답은 바로, 2천290만 명이다.

기나긴 인생에서 우리는 무수히 많은 사람을 마주치고, 또 무수히 많은 친구를 사귄다. 그렇다고 모든 친구가 편하고 즐겁지만은 않을 테고, 간혹 가치관 차이 때문에 생긴 감정이 당신을 멘붕 상태에 빠트릴 수도 있다. 만약 그 정도로 힘든 관계라면 과감히 손을 놓아 상대방을 떠나보내고 차라리 나에게 더 소중한 사람에게 더 많은 관심과 에너지를 쏟는 것이 더 나은 선택이지 않을까?

일본 작가 야마시타 히데코山下英子는 자신의 저서 『버리는 즐거움』을 통해 이렇게 말한다.

"삶을 더 즐겁게 만들고 싶을 때 가장 효과적인 방법은 '불필요하고, 부적합하며, 불편한' 것들을 걸러내는 것이다."

인생이라는 긴 여정은 복잡한 것은 단순하게, 남는 것은 버리는 과정의 반복이다.

쓸모없는 정보를 필터링하여 자신의 성장을 위해 더 많은 시간을 할애해야 인생이 한결 수월해진다. 아울러 타인의 험담을 걸러내고 오롯이 자신에게 열중해야 더 큰 행복이 찾아오며, 힘든 관계를 끊어내고 자신을 알아주는 지기知己에게 진심을 전해야 즐거움이 이어지는 법이다.

앞으로의 여생에서는 여러분도 인생의 필터링을 통해 평온한 내면을 유지하고 안정적인 삶을 살아가길 바란다.

2장

타인의 감정오염을
차단하라

자기가 가진 강점을 알려면 반발심을 줄이고

자주 자신을 되돌아봐야 하고,

잠재력을 단련하려면 욱하는 성격을 버리고

마음을 안정시켜야 하며,

수준을 높이려면 차단력을 높여 자신에게 집중해야 한다.

반발심 줄이기, 욱하는 성격 버리기,
신경 쓰지 않는 법 배우기

중국의 소설가 모옌莫言이 노벨문학상을 수상하자 여기저기서 비난의 목소리가 쏟아져 나왔다.

하루는 모옌이 아버지를 뵈러 고향을 방문하자 식구들이 다 모인 자리에서 그의 부친이 말씀하셨다. "예전엔 나나 동네 사람들이나 도긴개긴 다 비슷하다고 생각했거든. 그런데 네가 상을 받고 나서부터는 사람들한테 항상 양보하고, 겸손하게 대한단다." 모옌도 아버지의 마음가짐을 본받기로 하고 외부의 의심과 비난 앞에서도 침묵을 택했다. 반박이나 논쟁을 벌이는 대신 창작 활동에 전념하며 새로운 작품들로 자신을 쌓아 올리는 것으로 외부의 목소리를 막아낸 것이다.

작가 양펑楊繼은 "본인의 세상은 타인과 아무 관련도 없는 자기만의 것이다."라고 말했다.

식견이 어느 정도 무르익으면 나를 이해하지 못하는 사람은 굳이 이해시킬 필요가 없지만, 내가 이해할 수 없는 사람은 한 번쯤 이해하려 노력해 봐야 한다는 사실을 자연스레 알게 된다. 깨어있는 삶을 사는 사람들은 반발심을 줄이고, 욱하는 성질을 버리고, 차단력을 높인다.

자기가 가진 강점을 알려면 반발심을 줄여야 하며, 잠재력을 단련하려면 욱하는 성격을 버리고, 수준을 높이려면 차단력을 높여 자신에게 집중해야 하기 때문이다.

▋ 반발심 줄이기

중국의 작가 겸 사상가 우보판吳伯凡 선생님이 창업가들을 상대로 외부 강의를 진행한 적이 있다. 강의 후 Q&A 시간이 되자 선생님은 질문자들이 크게 두 부류로 나뉜다는 사실을 발견했다. 한 부류는 강의를 열심히 듣고 자신이 실제로 경험한 문제에 대해 심도 있는 질문을 하는 사람들이었고, 다른 한 부류는 강의 내용 중 그다지 중요하지 않은 항목에 토를 달며 '내가 더 잘났어'라는 태도로 강의와 전혀 상관없는 질문을 하는 사람들이었다.

뉴욕 대학의 나심 니콜라스 탈레브Nassim Nicholas Taleb 교수는 "세상에는 전혀 다른 두 부류의 사람들이 있다. 한 부류는 이기려는 사람들이고, 다른 한 부류는 논쟁에서 이기려는 사람들이다."라고 했다. 이기려는 사람들은 장기적인 관점으로 바라보기 때문에 일시적인 눈앞의 승패에 연연해 하지 않는다. 반면 논쟁에서 이기고 싶어 하는 사람들은 중요하지 않은 부분을 꼬투리 잡아서라도 무조건 이기기만을 바란다.

주위를 둘러보면 다른 사람의 말에 무조건 반대의 입장만 취하며 반박 자체를 좋아하는 사람들이 꼭 있다. 이들은 자신의 논리가 옳은지 여부보다는 말을 잘한다는 것에 의미를 두고 승자처럼 행세한다. 강자는 약한 모습을 보이는 데 익숙하지만, 약자는 강한 척해야 하기 때문이다.

심리학자 칼 구스타브 융Carl Gustav Jung은 "밖을 바라보는 사람은 꿈을 꾸고, 안을 살피는 사람은 깨어있다."라고 말했다. 많은 말보다 적절한 침묵이 힘을 축적하는 데 용이하고, 매사에 이기려는 것보다 나설 때와 물리칠 때를 잘 아는 것이 훨씬 품격 있다.

깊은 물이 고요하듯 사람도 깊으면 말이 없는 법이다. 그런 의미에서 다른 사람들과 말로 논쟁하지 않고 조용히 수련에 정진하는 사람이 진정한 강자일 것이다.

▌욱하는 성격 버리기

문학의 '귀재'로 불리는 영국 작가 데이비드 허버트 로렌스David Herbert Lawrence는 유명 작가가 되기 전 한 초등학교에서 근무하며 여가 시간을 활용해 창작 활동을 했다. 천부적인 재능을 가진 로렌스는 높은 수준의 작품을 탄생시켰지만, 괴팍한 성격 탓에 다른 사람과의 소통에 불편을 겪으며 작품 발표에도 난항을 겪었다. 다행히 그의 친구 제시는 이런 상황을 잘 알고 있었다. 제시는 로렌스와 자주 작품에 관한 이야기를 나누었고, 대화가 끝나면 그가 수기로 작성한 원고의 일부를 가지고 갔다.

그러던 어느 날, 로렌스는 당대 최고의 잡지사로 알려졌던 〈더 잉글리쉬 리뷰The English Review〉에 자신의 시가 게재되었다는 소식을 들었다. 이에 격분한 로렌스는 곧장 제시를 찾아갔고, 그녀를 만나자마자 불같이 화를 냈다. 그러면서 세상을 속이면서까지 명성을 탐하는 사악한 사람과는 영원히 친구가 될 수 없다는 비난을 퍼부었다.

그날 오후, 로렌스는 〈더 잉글리쉬 리뷰〉의 편집장 휴퍼Hueffer의 전화를 받았다. 그는 로렌스의 작품을 높게 평가하며 더 많은 작품을 투고해달라는 바람을 전했다. 로렌스는 다짜고짜 제시에게 화를 낸 게 후회됐다. 제시가 그동안 가져간 수기 원고를 정리해 잡지사에 기고한 덕분에 로렌스가 휴퍼 편집장의 극찬을 받고 영국 문학사상 최고의 귀재로 불리게 되었기 때문이다.

홧김에 바위를 차면 발가락만 아플 뿐이다. 대부분 화를 낸다고 문제가 해결되기보다는 오히려 상황이 악화되거나 수습 불가능한 지경에 이르게 된다.

　불같은 성격은 사나운 야생마와 같아서 잘 길들이면 원하는 곳으로 데려다주지만, 길들이지 못하면 어떻게든 당신을 떨어트리고 앞길을 막아선다.

　이와 관련해 크게 공감한 글이 있다.

　"한 사람이 얼마나 강인한지 판단하는 기준은 화낼 줄 알아도 함부로 화내지 않고, 감정이 있지만 감정적으로 변하지 않는 것이다."

　이렇듯 '함부로 화내지 않기'란 이성을 유지해야 내릴 수 있는 최고의 선택일 것이다.

　'순간의 화를 참으면 백 일 동안 근심을 면할 수 있다'는 말이 있다. 삶에 대한 통찰력이 생기면 언제라도 욱하는 감정에 휘둘려선 안 되고, 화를 통제하는 방법을 배워야 한다는 사실을 이해하게 될 것이다.

▌신경 쓰지 않는 법 배우기

　미국 서부 텍사스주의 시골에서 태어난 가수 진 오트리Gene Autry는 한 공연에서 텍사스 사투리를 썼다가 관객들의 웃음을 샀고, '노래

잘하는 촌뜨기'라며 놀림을 받았다. 이를 창피하게 생각한 오트리는 사투리를 고치기로 결심하고 도시 신사들의 말 한마디, 행동 하나하나를 다 따라 했다. 또 사람들과 교류할 때는 자신을 뉴요커라 소개하며 사소한 행동까지 주의를 기울였다. 하지만 어딘가 부자연스러운 그의 행동은 그를 더 큰 웃음거리로 만들었다.

이를 지켜보던 한 친구가 그를 타일렀다. 친구는 '타인의 눈에서 인정을 찾으려 하면 영원히 슬프고, 타인의 입에서 존엄을 찾으려 하면 영원히 비참할 뿐'이라고 조언해 주었다.

오트리는 사람은 누구에게나 자신만의 장점이 있는데 이를 무시하고 무조건 남에게 맞추거나 다른 사람을 따라 하면 자기 능력을 높일 기회를 잃거나 자기 자신을 잃을 수도 있다는 사실을 점차 깨달았다.

주방장 한 명이 백 명의 입맛에 딱 맞는 음식을 준비하기 어렵듯, 한 사람이 천 명이 원하는 모습을 만들기도 어렵다. 때때로 남들이 자신을 어떻게 보는지에 대해 지나치게 신경 쓰다가 기분이 상하는 경우가 있다. 그런데 사실 다른 사람들은 당신에게 큰 관심을 기울이지 않는다.

중국 작가 저우궈핑周國平은 "나는 다른 사람들이 날 어떻게 평가하는지 신경 써본 적이 없다. 왜냐하면 나는 내가 어떤 사람인지 잘 알고 있기 때문이다. 자신을 믿지 못하면 남들의 평가에 흔들릴 수밖에 없다."라고 말했다.

우리는 영원히 모든 사람을 만족시킬 수 없다. 나를 향한 안 좋은 소리를 막을 수도 없고, 그렇다고 귀를 틀어막을 수도 없다. 그러니 불편한 관계는 단호히 끊고, 수준 낮은 모임은 과감히 탈퇴해 보자.

인생을 즐기는 사람들 대부분은 신경 쓰지 않는 법을 더 잘 알고 있다. 한 철학자는 "인생이란, 부단한 수련으로 자아를 완성해가는 과정이다."라고 말했다. 더 나은 자신을 원한다면, 끊임없이 개선하고 성장해야 한다는 말이다.

그러니 지금부터는 좋아하는 일을 하고, 열렬히 사랑하며, 자기 발전을 위해 최선을 다하기 바란다.

성숙한 어른이 하지 않는
세 가지

누구나 일생 중 한번은 뜨거운 여름을 거쳐 인생의 정점에 서고, 매서운 겨울이 닥쳐와 나락으로 떨어지기도 한다. 정상에 계속 서 있으면 오만해지기 쉽고, 바닥에 계속 주저앉아 있으면 자신을 원망하게 되는 게 인지상정이다.

인생의 지혜를 가진 사람들은 인생의 파고가 자연스러운 일이라는 것을 알기에 승승장구할 때 자랑하지 않고, 실패에 낙담할 때도 원망하지 않는다. 이들은 인생의 모든 내리막과 오르막을 힘을 비축하기 위한 기회라 여기며 변명도, 원망도 하지 않는다. 다만 벼는 익을수록 고개를 숙인다는 말처럼 겸손하게 계속해서 나아갈 뿐이다.

아직 이런 이치를 깨치지 못했다면 지금부터라도 현명한 생활 방식을 찾아보자. 실의에 빠져도 원망하지 않고, 힘을 키우되 언쟁을 하지 않으며, 성공을 자랑하지 않으면 어떤 역경에 빠져도 굳건한 산처럼 흔들리지 않는 사람이 될 수 있다.

▌실의에 빠져도 원망하지 않기

자기반성 없이 원망할 줄만 아는 사람은 내리막길을 걸을 수밖에 없다. 인생을 살다 보면 뜻대로 되지 않을 때도 있고, 화풀이하고 싶을 때도 있지만, 부정적인 에너지를 과도하게 발산해서 해를 입게 되는 건 결국 자기 자신이다.

송宋나라 문인 심당沈唐은 불평불만을 일삼다가 입으로 죄를 지은 인물로 유명하다.

그가 초주楚州, 현 장쑤江蘇성 후이안淮安시에서 근무할 때였다. 마을이 메뚜기떼의 습격을 받자, 지부대인知府大人(한국 도지사급 직위)이 그에게 수습을 명했다. 하지만 지부대인의 지시가 마음에 들지 않았던 그는 시를 써서 자신의 불만을 드러냈다. 그런데 뜻밖에도 그 시가 지부대인의 귀에까지 들어가고 말았다. 그는 결국 형벌을 받아 30년 동안이나 주홍 글씨를 달고 살아야 했다. 그 후에도 굴곡진 인생을 걷던 그는 초주보다 더 먼 변두리로 부임을 받았다. 또다시 너무 멀다는 볼멘소리를 내뱉자, 그동안 그를 도왔던 고향 친구들조차 끝내 그를 힐난하기에 이르렀다. 그는 불만을 토로한 탓에 몇 차례나 고생하고 나서야 겨우 입을 다물었다.

심리학에서는 이런 현상을 '자기실현적 예언(또는 자기충족적 예언)'이라고 부르는데, 자신이 믿는 만큼 그것이 발생할 가능성이 높아진다는 뜻이다. 원망은 현재 상황을 개선하기는커녕 오히려 나쁜 결과를 초래할 수도 있다. 외부에 대한 원망을 줄이고, 자기 내면을 관찰하며 행동에 옮겨야만 행운의 여신을 맞이할 수 있다.

청나라 말기 최고 상인으로 손꼽히는 호설암胡雪巖은 유년 시절 궁핍한 가정환경 때문에 배를 곯기 일쑤였다. 어린 나이부터 목동 일을 하던 그는 학당에 입학할 수 있게 되자 아무리 일이 고되어도 절대 불평불만을 하지 않았다. 3년 후, 그를 눈여겨보던 한 전장錢庄(당시 금융기관의 일종)의 주인이 그를 발탁했다. 그 덕분에 호설암은 처음으로 목돈을 모을 수 있었다.

훗날 금의환향하던 그는 일부러 고향 마을의 한 식당에 들러 예전에 자주 먹던 값싼 자후이차이雜燴菜(잡채와 비슷한 볶음 요리)를 시켰다. 식사를 마친 그가 한숨을 쉬며 말했다. "이렇게 맛없는 요리도 오랜만이군."

발끈한 식당 주인이 반박했다. "호 사장이 돈을 많이 벌었다더니, 이런 음식은 이제 성에 안 차는 가보네." 이에 호설암이 답했다. "아니요. 그때도 맛이 없었습니다. 다만 불평해 봐야 아무 소용이 없단 걸 알고 있었을 뿐이죠. 부단히 노력해서 맛있는 음식을 먹을 수 있을 정도로 돈을 번 사람에게만 음식 맛을 평가할 자격이 주어진다고 생각했으니까요."

그의 성공은 그저 운이 좋아서가 아니라 원망할 시간에 부지런히 움직이며 스스로 이뤄낸 성과였다.

순자荀子는 "자신을 아는 자는 남을 원망하지 않고, 운명을 아는 자는 하늘을 원망하지 않으나, 다른 사람을 원망하는 자는 가난하고, 하늘을 원망하는 자는 뜻이 없다."라고 했다.

세상은 불공평하고, 누구에게나 자신만의 고충이 있으며, 삶의 여정에서 누구나 어려움을 경험한다. 그렇지만 실패를 대하는 태도는 그 사람이 얼마나 성장할 수 있는지를 결정한다. 어리석은 사람은 원망 속에 빠져들고, 현명한 사람은 적극적으로 극복해 나아가려 한다. 그러니 당신도 원망하는 대신 태도를 바꾸는 현명한 사람이 되기를 바란다.

▍힘을 모을 때는 언쟁하지 않기

옛날에 한 수재와 농부가 이웃에 살았다. 수재는 몇 년 동안 성현의 서책을 공부했고, 농부는 낫 놓고 기역 자도 모르는 까막눈이었다. 사고의 격차가 남달리 컸던 두 사람은 틈만 나면 종일 언쟁을 벌이곤 했다. 수재의 부인은 언쟁을 그만하라고 설득했지만, 수재는 자신이 옳다는 것을 증명해야 한다며 부인의 말을 들은 체도 하지 않았다. 그렇게 하루가 지나고, 일 년이 지나는 동안 그는 거인擧人을 뽑는 향시鄕試(과거)에 계속 낙방했다. 농부와 언쟁하느라 학업을 소홀히 한 탓이었다.

하루는 수재의 집 앞을 지나던 농부가 들으라는 듯 큰 소리로 말했다. "책만 잡고 살아봤자 아무짝에도 쓸모없어!" 이를 들은 수재가 반박했다. "당연히 쓸모 있지!" 둘은 한 치의 양보도 없이 언성을 높였다. 때마침 현자賢者가 지나가자, 그들은 현자를 불러 누구의 말이 옳은지 따져 물었다. 수재는 당연히 자기가 옳다고 생각했지만 둘의 이야기를 들은 현자는 부드럽게 미소 지으며 이렇게 답했다.

"확실히 쓸모없지요."

농부는 크게 만족하며 돌아섰고, 예상 밖의 대답에 수재는 당황하여 물었다.

"선생님, 어찌 공부가 쓸모없다고 하십니까?"

현자가 답했다.

"공부가 쓸모 있는지 없는지는 사람마다 답이 다르겠지요. 글을 모르는 농부에겐 밭을 일구는 게 공부보다 중요할 테고, 공부하는 사람에겐 서책을 읽고 입신양명하는 것이 중요하지요. 그대와 농부가 언쟁을 벌인 건 애초에 아무런 의미가 없어요. 그럴 시간에 공부에 더 매진했다면 아직 수재에 머물진 않았을 테고요."

현자의 말을 들은 수재는 부끄러움에 몸 둘 바를 몰랐다.

옳고 그름을 놓고 승패를 겨루는 것은 무의미한 시간 낭비에 불과하다. 그러니 다른 사람과 언쟁하는 시간을 차라리 자신의 가치를 올리는 데 활용하는 편이 훨씬 유익하다.

철학가 왕양명王陽明이 '영왕寧王(명나라 황족 주신호)의 난'을 평정하자 수많은 조정 신료가 그를 비방했다. 일부는 그를 '반역자'라 손가락질했고, 일부는 그의 학문을 '이단적 이론'이라고 비난했다.

그런데도 왕양명은 아무런 대응도, 변론도 하지 않고 오직 학문에만 몰두했다. 어느덧 시간이 흘러 그가 노년이 되었을 즈음 양명학파는 당대 주류사상으로 자리 잡고 있었다.

살다 보면 내 눈에 거슬리는 사람이나 나를 눈에 거슬려 하는 사람을 만나게 된다. 그때마다 그들과 논쟁을 벌이면 패자만 있을 뿐 아무도 승자가 되지 못한다. 그래서 내게는 '당신을 소모하게 하는 사람과 일, 다시 보면 당신의 잘못'이라는 말이 마음에 꼭 와닿는다. 실력을 키워야 정상에 오를 수 있고, 높은 곳에 서야지만 당신을 반대하는 사람을 내려다볼 수도 있다.

길고도 먼 인생의 길 위에서 부디 그 정도의 불협화음으로 당신의 마음과 발걸음을 멈추는 일이 없기를 바란다.

성공을 과시하지 않기

『도덕경』에 이런 구절이 나온다.

"숲속 나무가 빼어나면 바람이 치고 지나간다."

다른 사람이 자기보다 잘 되길 바라는 사람은 아마 세상에 없을 것이다. 자랑하면 그 순간은 자기 허영심이 충족되는 듯 보여도 자칫 다른 문제를 야기할 수 있다.

프랑스 재무상 니콜라 푸케Nicolas Fouquet는 국왕 루이 14세의 환심을 사려고 정성스럽게 연회를 준비했다. 그는 자신의 재력과 능력을 최대한 과시하고자 유럽에서 가장 유명한 학자와 귀족들을 초대하고, 극작가 몰리에르Moliere에게 연회를 위한 신작을 의뢰했다. 그뿐만 아니라 연회장에 사용된 장식과 가구 배치는 물론 요리까지 직접 세심하게 신경을 썼다. 화려한 연회장의 모습에 귀빈들은 모두 환호했고, 푸케도 뿌듯함과 만족감을 감추지 못했다.

그러나 이튿날, 루이 14세는 국부 횡령죄로 그를 감옥에 가두고 평생 석방하지 않았다. 푸케는 그제야 자신이 과시했던 모든 것이 국왕의 자존심을 건드렸다는 사실을 깨달았다. 루이 14세는 자기보다 빛나는 사람은 그 누구도 용납하지 않는 성격이었는데 푸케의 과시욕이 화를 불러온 것이다.

행복학에서 생각하는 인간의 본성은 '만족을 모른다는 것'이다. 과시의 본질은 타인보다 우월한 점을 티 나게 자랑하며 자아 만족감을 얻는 행위다. 과시는 질투심을 유발하기도 하지만 그 사람의 자신감이 극도로 결여되어 있다는 사실을 반증하기도 한다. 그래서 과시를 많이 하는 사람일수록 열등감에 차 있고, 수수하고 겸손할수록 내면이 강한 사람인 경우가 많다.

능력은 내세우지 않아도 티가 나고, 성취는 알리지 않아도 드러나는 법이라 굳이 과시하지 않아도 주변 사람들은 당신의 능력과 인품이 어떤지 다 알고 있다.

금은 어디에 두어도 밝게 빛나고, 진주는 어둠 속에 숨겨 두어도 영롱한 빛을 내듯 강자는 말로 자신을 과시하지 않고 오로지 실력으로 인정받는다.

과시하는 사람은 시기를 사고 겸손한 사람은 인기를 얻는다. 성공의 길을 걸을 때일수록 겸손한 자세를 함양해야 자신을 지키며 내면도 단련할 수 있다.

마지막으로 이 구절을 마음에 새겨 보자.

"인생은 길을 걸을 때처럼 충분한 인내심이 필요하다."

사랑하는 이와의 관계 속
지켜야 할 작은 것들

관계 속, 자기감정의 원인은 자기 자신

어제 사촌 여동생의 전화를 받았다. 동생은 남편과의 생활 습관 차이 때문에 도저히 같이 못 살겠다며 이혼을 언급했다.

"남편이 밥 먹을 때마다 너무 쩝쩝거려. 그리고 치약도 위에서부터 짜고, 화장실 불 끄는 것도 계속 까먹어. 어떻게 그럴 수가 있지?"

작년에 결혼한 동생은 신혼 초부터 남편의 생활 습관이 마음에 안 든다며 불만을 토로해왔다. 그녀는 대수롭지 않은 남편의 행동을 마음에 담아 두거나 눈엣가시처럼 여겼다. 가끔 참지 못한 날에는 온갖 욕설을 퍼부으며 남편에게 화를 냈다. 동생은 왜 고작 이런 일 때문에 그렇게 불같이 화를 냈을까?

동생은 가난한 가정 형편과 남존여비 사상이 강한 부모님 밑에서 자랐다. 남동생이 태어난 뒤로 그녀는 집에서 밥만 축내는 존재로 여겨졌다. 부모님은 '너 때문에 살림살이 거덜 나겠다', '딸자식은 낳으면 손해'라는 등의 말로 대놓고 그녀를 괄시했다.

이런 가정환경 탓에 그녀는 식사 도중에 행여나 입에서 소리가 날까 봐 국수를 젓가락으로 돌돌 말아서 먹거나, 긴 면을 잘게 잘라 조심스럽게 입에 넣었다. 행동도 극도로 조심했다. 전등은 바로바로 끄고, 치약은 무조건 밑에서부터 짜서 썼다.

그런데 쥐 죽은 듯 조심해서 행동하는 자신과 달리 동생은 아무렇게나 스스럼없이 행동했고, 그녀는 그런 동생을 보면서 불만이 쌓여갔다. 그때 쌓인 감정이 부부 사이로 이어져 동생과 비슷한 행동을 하는 남편을 도저히 견딜 수 없었다.

친밀한 관계 전문가 크리스토퍼 멍Christopher Mung은 "사실 모든 일에는 좋고 나쁨의 구분이 없다. 다만 슬픔을 느낄 때는 슬픈 감정을 바탕으로 마주한 일을 해석하기 마련이다. 많은 사람이 사건이 발생하면 감정이 뒤따라 생긴다고 여기지만, 실제로는 감정과 기분이 일보다 앞서 나타난다."라고 했다.

사람의 모든 감정과 기분은 몸속에 각인되어 있고, 사건은 도화선처럼 깊이 묻혀있던 감정과 기분을 폭발시키는 역할을 한다. 그래서 자신의 감정과 기분에 적극적으로 대처하지 않으면 몸속에 남은 감정이 타인과의 관계에 영향을 미치거나 일상을 혼란스럽게 만든다.

칼 구스타프 융이 "우리 눈에 보이는 외부 세계의 모든 것은 자기 내면이 반영된 세계"라고 말한 것처럼 사람의 감정을 유발하는 유일한 원인은 자기 자신에게 있다.

로마 제국의 율리우스 카이사르Julius Caesar는 "인생 최대의 적은 바로 나 자신이다."라고 했다. 자기감정을 남의 탓으로 돌리지 말고 스스로 책임을 질 줄 알아야지만 상호 관계 구축을 위한 최대의 가능성이 열리게 된다.

▎관계 속, 지는 사람이 되는 법 배우기

나와 내 남편은 꽤 오랜 기간 이상한 관계를 유지했다. 내가 무슨 말을 하든지 남편은 나와 다른 의견을 내놓았고, 마찬가지로 남편이 무슨 말을 하든지 나는 그와 상반되는 의견을 제시했다. 예를 들어 남편이 아이를 조기교육센터에 보낼 필요가 없다고 말하면, 나는 무조건 보내야 한다고 답한다. 불과 며칠 전에 내 입으로 조기교육이 중요한 게 아니라 부모가 얼마나 잘 놀아주는지가 더 중요하다고 말했던 일은 완전히 잊어버린 채로 말이다.

반대 의견을 내는 사람이 나일 때도 있고, 남편일 때도 있었지만 이런 상황은 거의 매일 반복되었고 대화는 항상 불쾌하게 끝이 났다. 나는 사랑이 식어서 서로를 물어뜯는 것이라 여겼다. 그러던 중

심리학자 제인 넬슨Jane Nelson이 쓴 글을 보았다.

"사람은 어릴 때부터 평생 자기 가치감을 추구하고 자신의 중요
성을 확인한다. 이처럼 자기 가치감을 충족하고 중요성을 확인
하는 행동을 하는 근본적인 이유는 사랑하고 싶고, 사랑받고 싶
은 커다란 갈망 때문이다."

사랑받지 못한다는 건 어쩌면 세상에서 가장 무서운 일이지 않
을까?

『친밀한 관계親密關係』에 따르면 어릴 때 모두에게 균등하게 분배될
만큼 자원이 충분하지 않다는 생각이 들면 그만큼 결여된 관점으로
모든 세상을 바라보게 된다고 한다. 만약 당신에게 돌아갈 사랑이
충분하지 않다고 느끼면 형제자매와 같은 다른 경쟁자를 물리쳐야
만 원하는 사랑을 얻을 수 있다고 생각한다는 것이다.

'가장 특별한 사람'이 되고 싶다는 경쟁의식은 부부 사이에도 발생
할 수 있다. 그런 경우 당신과 배우자는 끊임없이 경쟁을 하게 된다.

두 학자의 글을 보고 나자 마음속에 느끼는 바가 있었다. 우리는
종종 사랑을 쟁취하기 위해 자기를 특별하게 만들어주는 일이라면
무엇이든 하고, 그 '특별함'을 이용해 상대방을 옥죔으로써 자신의
중요성을 확인하려 드는데, 이런 태도가 배우자를 '경쟁자'로 인식하
게 만든다는 것이다.

우리는 끊임없이 내가 더 뛰어나고 특별하다는 사실을 증명해 내려 하고, 승자가 되기 위해서라면 공격적인 말이나 행동도 서슴지 않는다. 그런 날들이 하루 이틀 반복되면 결혼 생활 중에 흔히 생기는 작은 일들은 눈덩이처럼 커지기 마련이고, 화는 분노가 되며, 화합은 날 선 갈등으로 변해 상대를 겨냥하며 갈망했던 사랑과 정반대인 결과를 맞이하게 된다.

상대를 찍어 누르고, 깎아내리는 위압적인 방식은 당신의 특별함을 증명해 주지 않는다. 되려 이런 '경쟁심리'를 내려놓고 지는 사람이 되는 것을 두려워하지 않아야 사랑의 빛이 당신을 비춰줄 수 있다.

관계 속, 불만 가득한 희생자가 되지 않기

결혼을 하고 나서 남편과 가정을 위해 직장을 옮기거나 사회생활을 아예 포기하고 전업주부로 집에 눌러앉는 여성들이 많다. 얼마 가지 않아 이들이 이런 생활에 불만을 품기 시작하면, 불만은 나비가 태풍을 일으키듯 아주 작은 갈등에도 엄청난 위력을 불어 넣는다.

왜 이런 현상이 생기는 것일까? 아마 진심으로 '희생자'가 되고 싶은 사람은 아무도 없기 때문일 것이다. 자신이 희생한다고 여기게 되는 순간부터 두 사람의 관계는 이미 비극적인 결말이 예정된 것이나 다름없다. 오랜 시간 자신을 희생하는 사람이라고 여기면 불만이 모래탑처럼 아슬아슬 쌓이다가 결국 무너지고 결혼 생활도 위기를 맞게 된다.

70년대생인 선우는 양가 부모님이 아이를 돌봐줄 수 없는 상황이 되자 외국계 기업을 퇴사하고 전업 남편이 되어 집에서 아이를 직접 돌보기로 했다. 그는 "와이프 경제력이 저보다 좋고, 저는 와이프보다 인내심이 더 강해요. 전업주부들이 하는 건 저도 다 하는 편이에요. 애 엄마가 유난히 어려워하는 일은 제가 대신하고요. 아내가 천천히 나이 들었으면 좋겠거든요."라고 말했다.

아무리 부부 사이여도 성격은 각자 다르기 때문에 서로의 장점을 파악하고 상호 보완해야 결혼 생활의 시너지가 극대화될 수 있다. 결혼 관계에서 가사 분담에 대한 차이는 있을 수 있지만, 역할의 우열은 나눌 수 없다. 결혼 때문에 자신을 희생했다고 여기면 결혼 생활에서 자신이 덜 중요한 역할을 맡았다는 생각이 들면서 관계의 균형이 무너지기 시작한다.

어느 한쪽도 자신을 관계의 '희생자'라고 정의해선 안 된다. 상대방을 완벽하게 만들어주기 위해 자신을 희생했다고 여기는 순간 '비참한 희생자'가 되기 때문이다. 이런 마음을 가지면 이혼은 아니더라도 부부관계가 아슬아슬하게 겨우 유지되는 비극적인 결말을 초래할 수 있다.

관계 속, 계속 성장하는 사람 되기

미국의 심리학자 캐롤 드웩Carol S.Dweck은 사람은 대체로 '성장형 사고방식'과 '고정형 사고방식'을 가지고 있다고 여겼다.

'성장형 사고방식'을 가진 사람은 좌절을 '해결할 필요가 있는 문제'라고 여기지만, '고정형 사고방식'을 가진 사람은 좌절을 '영원한 실패'로 인식한다. 그렇기에 성장형 사고방식을 가진 사람들은 결혼 생활에 문제가 발생하면 원인을 파악하고 이를 개선하려고 한다.

이와 관련하여 친밀한 관계 전문가 크리스토퍼 멍은 자신과 배우자가 겪었던 경험을 들려주었다. 그와 그의 부인은 수없이 많은 시간 동안 더는 함께할 수 없겠다고 느끼고, 이 관계를 그만해야겠다고 생각했다. 하지만 그가 절망의 시간을 한 번, 또 한 번 넘기면서 둘의 사이가 서서히 나아졌다. 그 이유는 그가 계속 성장하겠다는 태도로 결혼 생활에 임하며, 결혼 생활에서 불거진 모든 문제를 성장의 기회로 삼은 덕분이었다.

서로의 언쟁 속에서, 하염없는 눈물 속에서, 항상 뒤돌아보며 사랑을 나누기 위해 상대의 두 손을 꼭 잡았던 감동적인 순간을 떠올릴 수 있다면, 배우자의 손을 잡고 남은 여정을 계속 함께할 용기가 생길 것이다.

왠지 "친밀한 관계는 수련의 장이고, 우리는 그 위에서 배우고 성장해야 한다."라는 장더펀張德芬 작가의 말을 공유하고 싶다.

공감에도
경계선이 있다

　재난 관련 뉴스를 보면 수혜자들에 대한 깊은 슬픔이 몰려오거나, 드라마 속 감동적인 장면을 보면 나도 모르게 눈물을 흘리거나, 괴로움을 토로하는 친구의 모습을 보면 덩달아 같이 힘들어하는 사람, 혹시 당신의 모습인가?

　공감 능력이 강한 사람이라면 누구나 이와 비슷한 경험이 있을 것이다.

　늘 온순하고 이해심이 풍부한 친구 A는 어느 날 〈혐오스런 마츠코의 일생〉을 보더니 한동안 드라마 속 캐릭터의 운명에 침전되어 넋이 빠진 채 지냈다. 나와 대화할 때도 문득 드라마 속 장면을 떠올리며 운명을 한탄하고 감상에 빠져 헤어 나오지 못하는 모습을 보였다.

　공감 능력이 강한 사람들은 대부분 타인의 감정 변화를 예민하게 포착하고 상대의 감정을 이해하고 인정해 준다.

하지만 공감 능력 또한 동전의 양면과 같아서 적당한 공감 능력은 상대방과의 거리를 좁혀주지만, 과도한 공감 능력은 자신을 다치게 하거나 감정 소모를 유발할 수 있다. 그러니 공감 능력이 높은 사람은 타인에게 공감하는 동시에 자신을 소모하지 않는 법을 배워야 한다.

▌적절한 공감은 일종의 능력

관계의 윤활제 역할을 하는 공감은, 감정적으로 일정 거리를 유지하면서 상대방이 처한 상황과 감정을 이해하고 수용하며 행동에 옮기는 것이다.

『천재는 왼쪽, 미치광이는 오른쪽天才在左 風子在右』이라는 책에 이런 이야기가 실려있다. 자신을 버섯이라고 생각하는 환자가 있었다. 사람들은 언제나 계단에 앉아 먹지도, 마시지도, 움직이지도 않는 그를 비웃었다.

하루는 한 의사가 걸어와 환자 옆에 가만히 앉았다. 환자가 이상하다는 듯 물었다. "왜 꼼짝도 안 해요?"

의사가 말했다. "그야 저도 버섯이니까요." 잠시 뒤 의사가 햄버거를 꺼내 한입 크게 베어 물었다. 그러자 환자가 따졌다. "버섯이라면서요? 음식을 어떻게 먹어요?" 의사가 답했다. "버섯은 햄버거 못 먹는다고 누가 그래요?" 그러자 환자도 의사를 따라 햄버거를 먹었다. 의사는 적당한 공감에 약간의 행동을 가미함으로써 음식을 거부하던 환자를 다시 먹게끔 했다.

자신의 감정을 공감받을 때 사람들은 그 어떤 말보다 큰 위로를 받는다. 공감 능력이 높은 사람은 타인의 내적 필요를 이해하고, 그 사람의 상황을 자신에게 비추어 보며 선의의 손길을 내민다.

공감을 떠올리면 생각나는 친구가 있다. 친구는 마트에 쇼핑 온 노인을 보자 입구의 육중한 문을 열고 노인이 들어올 때까지 기다려주었다. 노인이 고마움을 전하자, 친구가 말했다. "저희 부모님도 어르신과 비슷한 연배세요. 나중에 부모님께 도움이 필요한 순간에 누군가가 저처럼 문을 열어주면 좋을 것 같아서요."

누군가 "공감은 눈을 감고, 귀를 닫은 채 이해하는 척하는 것이 아니라 다른 사람이 경험한 모든 것을 진심으로 경청하고, 이해하고, 받아들이는 것이다."라고 한 것처럼 진심 어린 공감은 더없이 소중한 능력이다.

'공감'은 우리에게 따뜻함을 나누어주고, 세상에는 포용과 이해, 그리고 인정을 한층 더해준다. 한편 공감이 부족하면 관계가 차갑게 식거나 소원해지고, 과도하면 자기감정이 소모되는 만큼 공감 능력이 선천적 재능이라면 적당한 공감은 후천적 능력이라고 할 수 있다.

모든 일에는 정도가 있고, 멈출 때를 아는 것이 가장 중요하다. 적당한 공감만이 타인에게도 유익하고, 자신은 해치지 않는 선에서 공감의 긍정에너지를 최대로 끌어 올려줄 수 있다.

공감 능력이 높으면 친구나 가족이 기대고 싶은 존재가 되어 그들에게 온기를 나누어 줄 수 있다. 하지만 밤이 되면 낮에 있었던 복잡한 일들이 머릿속을 헤집기 시작하고, 소리 소문 없이 내면에 쌓인 부정적인 감정이 어느새 스트레스로 변질된다. 과도한 공감이 결론적으로 우리에게 어떤 영향을 주는지 살펴보자.

과도한 공감은 필연적으로 감정을 소모한다

높은 공감 능력으로 많은 친구를 사귀었지만, 그로 인해 끊임없는 감정 소모에 시달리는 사람이 얼마나 많을까? 공감 능력은 사람들의 몸과 마음을 거대한 감정의 압력 아래에 두고 막대한 에너지를 소모하게 만든다.

과도한 공감은 대인 관계의 선을 넘게 만든다

그 선을 넘으면 자신은 감정 소모 상태에 빠지고, 상대방은 남에게 지나치게 의존하는 등의 문제를 야기한다.

과도한 공감은 신체적으로도 에너지가 소모된다

미국 생물학자들의 연구에 따르면 공감은 대뇌의 감정반응을 조절하는 편도체를 자극하는데, 감정반응이 커지면 편도체가 활성화되고 우리 몸은 균형 유지를 위해 다른 물질을 분비하여 이를 억제한다. 공감이 지나치면 체내 억제와 대치가 가중되고, 이런 상태가 장기간 지속되면 면역체계가 손상되어 만성 질환에 대한 저항력이 감퇴한다. 평온한 감정 상태와 건강한 몸을 유지하고 과도한 공감으로 인한 상해를 최소화하기 위해서는 공감의 기준을 확정해야 한다.

▎공감, 민감하되 둔감하게

높은 공감 능력은 종종 민감하다는 의미가 되기도 한다. 여기서 말하는 '민감함'이란 상대방의 감정에 예민하게 반응한다는 뜻이다. 다만 민감함이 지나치면 심적 부담감도 커지므로 불필요한 감정 소모를 방지하기 위해 민감함을 유지하는 동시에 '둔감함'도 가져야만 한다.

MC 둥칭童卿은 손에서 책을 놓지 않을 정도의 지성과 온화한 성품을 지녔으며, 특히 공감을 잘하는 성격이다. 그래서인지 그녀의 프로그램에는 앙상하게 마른 부친의 뒷모습에 속상해하는 게스트를 보면 그녀가 뜨거운 눈물을 흘리며 위로해 주거나, 힘들었던 과거를 회상하는 게스트를 안아주고 함께 울어주며 공감하는 장면들이 자주 등장한다.

그녀는 타인에게 공감해 주다가 자기감정까지 격해진 적이 너무 많았던 탓에, 이제는 현재의 감정이 얼마나 크게 요동치든 다음 날에는 아무렇지 않게 근무하고 일상생활로 돌아가는 방법을 터득했다. 그녀는 자신의 민감함으로 타인의 감정을 기민하게 포착하는 동시에 적당한 둔감력으로 과도한 공감을 피하고 있었다. 이것이 가능했던 이유는 그동안 다양한 책을 읽고 여러 경험을 통해 자신만의 공감의 기준을 찾아냈기 때문이다.

고대 그리스 철학자 아리스토텔레스^Aristoteles는 "적당한 때에 적당한 사람에게 적당한 방식으로 표현되는 감정이 최고의 감정"이라고 말했다.

이때 둔감력은 이러한 '적당한' 느낌을 찾아주고 공감의 장점이 제대로 발휘되게끔 도와준다. 그런 의미에서 다음과 같은 방법으로 둔감력을 훈련하면 감정 소모를 줄일 수 있다.

1. 공감 후에는 반드시 인지력 정리하기

타인에게 공감한 다음에는 인지적 사고를 통해 감정을 정리해야 한다. 예를 들어 스스로 '내게 이런 감정이 생기면 어떤 도움이 필요할까?' 등의 질문을 던지고 방안을 생각해 보는 것이다. 이는 이성을 통해 격앙된 감정을 차단하고, 자기감정의 필요를 파악함으로써 앞으로의 공감 행동을 조절할 수 있도록 도와준다.

2. '과제 분리'를 통한 공감의 기준 확정

이 방법을 위해서는 지속적인 자아 관찰을 통한 '과제 분리' 훈련이 필요하다. '과제 분리'란 심리학자 알프레드 아들러Alfred Adler가 창안한 개념으로, 과연 무엇이 상대방의 마음이고, 무엇이 나의 감정인지, 어떤 감정을 상대방이 책임지고 어떤 감정은 내가 책임져야하는지를 확인하는 과정이다. 상대방의 감정을 수용할 때 '과제 분리'를 사용하면 점차 공감의 기준과 범위가 확정되고, 타인에게 적당히 공감하도록 자신을 통제할 수 있게 된다.

3. 속마음 털어놓고 도움 요청하는 법 배우기

경청을 잘하는 성격이라 감정이 지나치게 쌓여 이를 소화하기 어렵다면 적합한 대상에게 털어놓고, 정도가 심한 경우 전문가에게 도움을 구하는 것도 좋은 방법이다.

공감은 빛처럼 어둠을 비추고 모두에게 따스함을 선사한다. 그런데 그 빛이 너무 강해지면 두 눈을 다칠 수 있다. 공감은 소중한 능력이지만 그 능력이 자신을 힘들게 해선 안 된다.

공감 능력을 다소 '둔화'시키면 큰 감정 소모 없이 다른 사람을 따뜻하게 보듬어 줄 수 있는 자신만의 공감의 기준을 찾을 수 있다. 적당한 공감만이 나와 타인 모두에게 유익한 대인 관계를 맺도록 도와준다는 점을 명심하자.

3장

외부와 타인의 인식을
차단하라

정말 강한 사람은 다른 사람과 경쟁하려 애쓰지 않는다.

그들은 외부 세계의 낭설에 맞설 수 있는

강한 내면과 충분한 자신감을 가졌기 때문이다.

감정을
손님처럼 대하는 법

어느 날 저녁, TV를 보고 있는데 친구 시현에게 전화가 왔다. 그녀는 내가 전화를 받자마자 하소연을 시작했다.

이제 막 초등학교 교사로 임용된 시현은 최근 교육부의 고위 인사가 자신의 수업을 참관할 예정이라는 소식에 만반의 준비를 했다. 그런데 참관 수업이 시작되기 불과 몇 시간 전에 한 학부모가 그녀를 찾아왔다. 그는 시현의 교습 실력이 부족한 탓에 아이의 성적이 오르지 않는다며 불만을 터뜨렸다. 잠시 쉬는 틈에 참관 수업 내용을 복습하려던 참이었던 시현은 당장은 학생 상담을 할 시간이 없으니 퇴근 후에 다시 연락드리겠다며 완곡하게 거절했다. 이에 크게 화가 난 학부모는 시현을 무책임한 선생이라고 몰아세우며 교장을 찾아가겠다고 소란을 피웠다.

시현은 피치 못할 사정이 있으니 양해해달라며 거듭 사과하고 이해를 구했지만, 막무가내식 소란은 계속되었다. 학부모는 시현이 경력도 짧고 나이도 어린 교사라는 생각 때문이었는지 끝까지 고집을 피우며 난폭하게 굴었다. 결국 다른 선생님들이 상황을 수습하러 나선 뒤에야 씩씩거리는 학부모를 겨우 돌려보낼 수 있었다.

자신만만하게 수업 준비를 하던 시현은 불쑥 나타난 학부모 때문에 의기소침해졌다. 겨우 강단 위에 올랐지만, 한참이나 진정이 되지 않아 결국 수업도 엉망으로 끝내고 말았다.

부정적인 감정에 사로잡혀 제 실력을 제대로 발휘하지 못했다는 생각에 시현은 점점 화가 났다. 대학생 시절, 과에서 개최한 강연 대회에서 1위를 차지하던 실력인데, 이런 식으로 나무에서 떨어진 원숭이 꼴이 되다니 믿을 수 없었다.

이렇듯 부정적인 감정에 지배되면 컨디션에 영향을 주고, 완벽하게 계획했던 일도 쉽게 실수를 범하게 된다. 부정적인 감정의 족쇄를 재빨리 벗어버리지 않으면 다른 연쇄 반응이 나타날 수도 있다.

내겐 같은 글쓰기 모임 소속으로 종종 글쓰기에 관한 이야기를 나누던 작가 친구가 한 명 있었다. 어느 날, 한 남성 작가가 모임의 그룹채팅방에 그녀가 자기 작품을 표절하고 발표까지 했다는 비난의 글을 올렸다. 그 작가는 거기서 그치지 않았다. 그는 그녀를 비웃으며 작품이 게재된 링크를 보내 모든 멤버에게 평가를 청했다. 원고료 자체는 얼마 되지 않았지만, 그가 자신의 권리를 주장하기 시작하면 적잖은 대가를 치러야 할 상황이었다.

그녀는 너무나 황당했다. 자신은 결백했기 때문이었다. 그녀는 그룹채팅방에 해명 글을 올리는 한편, 그 작가에게 이렇게 일을 부풀리지 말고 일단 사실 여부를 확인한 다음 다시 대화를 나누자고 설득했다. 하지만 그는 크게 역정을 내며 다른 그룹채팅방에도 링크를 보내 혼란을 가중시켰다.

화가 난 친구는 글을 게재한 신문사의 편집장에게 전화를 걸었다. 확인 결과 신문사에서 작가명을 잘못 기입한 탓에 발생한 소동으로, 그녀와는 아무런 상관도 없는 것으로 판명이 났다. 비난의 글을 올린 작가가 그룹채팅방에 사과문을 올렸지만, 이미 감정이 상할 대로 상한 그녀는 한동안 글이 손에 잡히지 않았다.

그러는 동안 그녀는 나와 자주 대화를 나누었다. 그 일 때문에 감정 소모를 너무 심하게 겪은 탓에 생각만 해도 화가 울컥 치밀어 오른다고 했다. 또한 그룹채팅방에 전국의 작가들이 다 모여있는데, 그 사람 때문에 다른 작가들이 자기를 다 알게 되었다면서, 글을 쓰려고 해도 자꾸 그를 원망하는 마음이 들어 도저히 글 쓸 마음이 안 생긴다고 거듭 얘기했다.

타인의 마음을 완벽히 헤아리지 못하면 용서하라는 말은 쉽게 할 수 없다. 차마 그녀에게 용서하라는 말은 할 수 없었지만, 나는 진심으로 그녀가 헤어 나오기를 바랐다. 나는 작은 해프닝이었을 뿐이라며, 중요하지도 않은 일 때문에 부정적인 감정에 사로잡혀 있지 말라고 설득했다. 하지만 그녀는 끝끝내 이 파고를 뚫고 나오지 못하고 모습을 감추기 시작했다. 메신저에 메시지를 남겨도 뜨문뜨문 답장이 돌아왔다. 나와 함께 투고하던 잡지에서도 더는 그녀의 글을 찾기 어려웠다.

어쩌면 그녀의 정신력이 얇은 유리 같아서 작은 충격도 받아들이지 못한다고 생각하는 사람도 있을 것이다. 사실 누구나 외부로부터 충격을 받을 수 있다. 그러나 중요한 것은 그 충격 이후에 생긴 부정적인 감정을 어떻게 극복할 것인가 하는 문제다.

부정적인 감정은 보이지도 만져지지도 않지만, 조용히 잠재의식 속에 잠복해 있다가 조금만 부주의해도 불쑥 모습을 드러내 현재의 감정에 영향을 미치고, 삶의 질서를 무너뜨린다.

북송 시대의 대문호 범중엄范仲淹은 "물질에 기뻐 말고不以物喜, 자신 때문에 슬퍼하지 말라不以己悲."고 말했다. 시끄러운 세상을 사는 우리가 감정의 속박에서 벗어나려면 과연 어떻게 해야 할까?

심리학적 측면에서 말하는 '감정'이란 주관적인 기분이자 객관적인 생리 반응으로, 목적성을 가지고 주관적인 느낌을 표출하는 일종의 사회적 표현 방식이다.

현재 처한 상황 때문에 기분이 안 좋아지면 걱정, 분노, 슬픔 등의 부정적인 감정이 표출된다. 하지만 부정적인 감정에 매몰되면 이성을 잃고 충동적으로 행동하기 쉬워진다. 그래서 누군가는 극도의 행복감에 오히려 슬퍼하고, 또 누군가는 비관과 실망으로 인해 초조함과 우울감을 느끼기도 한다.

하루는 의사인 친구에게 전해줄 게 있어 그녀가 근무하는 병원을 찾아갔다. 진료실에는 두 명의 환자가 대기하고 있었다. 첫 번째 환자는 검사 결과가 좋아 크게 기뻐하며 고마움을 표하고 나갔지만, 두 번째 환자는 안타깝게도 병중이 심해 입원 치료를 받아야만 했다. 환자는 큰 충격에 휩싸여 대성통곡을 했고 친구는 그런 환자를 다독여주었다.

불과 얼음처럼 극명히 다른 환자들의 반응을 본 나는 당황스러우면서도 친구가 강한 내면을 가지고 있어 다행이라는 생각이 들었다. 만일 나였다면 매일 환자들의 부정적인 감정을 받아주다가 우울증에 걸리고 말았을 것이다. 친구 말에 따르면 의사들은 여러 환자를 만나기 때문에 나쁜 감정을 빨리 털어버리지 못하면 환자들의 기분에 영향을 미치게 되고, 치료에도 좋을 게 없다고 한다.

나는 친구의 감정 처리 방법이 궁금해 물었다. "너처럼 감정의 속박에서 벗어나려면 어떻게 해야 해?"

친구는 긍정적인 감정이 주변 사람들을 행복하게 만들어주는 것과 마찬가지로 부정적인 감정도 타인의 감정에 영향을 미치기 마련이라며, '감정'을 '손님'처럼 대하는 것이 부정적인 감정의 속박에서 벗어나는 자신만의 비결'이라고 답했다. 이는 좋아하는 손님과는 더 많은 대화를 나누고, 싫어하는 손님에게는 무관심하게 대하는 방법으로, 매일 좋은 기분을 유지해야만 올바른 업무 태도를 가질 수 있다는 의미였다.

나는 친구의 지혜에 깜짝 놀라고 말았다. 감정을 '손님'으로 대하다니, 굉장히 철학적인 방법이었다. 감정이란 미리 연락 없이 찾아온 손님처럼 예기치 않게 찾아온다. 그러니 좋아하는 손님과는 대화를 나누고, 싫어하는 손님은 냉담하게 대해도 괜찮은 것이다.

의사 친구는 좋아하는 손님이든 싫어하는 손님이든 둘 다 오래 머물게 두지 말고, 이야기를 나눴으면 바로 보내는 게 가장 중요하다고 귀띔해 주었다. 다시 말하면, 사람은 감정에 휘둘리기 쉬워서 좋은 감정이든 나쁜 감정이든 모두 오랜 시간 마음속에 담아 두지 말고 평상심을 유지하는 것이 가장 중요하다는 뜻이다. 감정을 깨끗이 비우지 못한 상태로 일을 하면 그 감정에 휘둘려 판단력만 흐려질 뿐, 자신이 처한 상황을 개선하는 데 아무런 도움이 되지 않는다.

변론하지 않는 것이야말로
최고의 변론

젊은 시절에는 누구나 한 번쯤 자신과 의견이 다른 사람이 보이면 어떻게 해서든 관점의 우열을 가려 자신에게 굴복시키려는 시도를 해보았을 것이다. 사실 설전을 벌이고 화를 낼수록 상대를 설득할 수 없을뿐더러 서로 기분만 나빠지는데도 말이다.

미국 기업가 일론 머스크Elon Musk는 "나는 이제 다른 사람과 논쟁하지 않아요. 다들 자기가 아는 수준에서만 생각하기 때문이죠. 전 이제 누군가 2 더하기 2가 10이라고 하면, '정확해요, 정말 대단하군요.'라고 말할 수 있어요."라고 했다.

나도 이제 연륜이 쌓이는지 머스크의 말이 점점 옳게 느껴진다. 갈등이 있어도 화내지 않고, 승패와 시비를 가리지 않는 것이야말로 이 세상을 살아가는 큰 지혜가 아닐까?

침묵, 인성을 품은 지혜

화가 앙리 루소Henri Rousseau에 관한 다양한 일화가 있다. 그는 어릴 때부터 그림 그리는 것을 무척이나 좋아했다. 한 번은 그리기에 몰두한 나머지 화로에 장작을 넣어야 한다는 사실을 잊어버렸다. 집에 돌아온 아버지는 이미 불이 꺼진 화로를 보고 화가 나 그의 붓과 도화지를 밖으로 던져버렸다. 그래도 루소는 울지 않았다. 대신 아버지가 시킨 일을 다 하고 나서 몰래 밖으로 달려가 붓과 도화지를 주웠다.

성인이 된 그는 파리 세관에 입사하여 사무실을 배정받았다. 그런데 그는 사무실을 화실처럼 여기며 그리기에만 열중했다. 그런 행동은 결국 상사의 화를 불렀다. 루소의 붓과 도화지는 또다시 쓰레기통에 처박혔고 그는 해고당했다. 그는 해명이나 용서를 구하는 대신 허리를 굽혀 쓰레기통에서 붓과 도화지를 주워 조용히 그곳을 떠났다.

훗날 자신의 작품이 전성기에 접어들 무렵, 그는 이런 글을 남겼다.

"내가 허리 굽혀 주운 것은 붓이었지만, 내가 지킨 것은 나의 존엄성과 꿈이었다."

루소처럼 재기 넘치는 사람이 선택하는 침묵은 자신의 꿈과 권리에 대한 포기가 아니라 더 높은 효율의 처리 방식일 수 있다.

아인슈타인은 "이성의 침묵 속에서 우리는 가장 훌륭한 지혜를 얻는다."라고 했다. 세상에서 가장 강력한 것은 시끌벅적한 맹세가 아니라 소리 없는 침묵이다. 침묵은 때로 연약함이나 유약함이 아닌, 자신의 뛰어난 능력을 바탕으로 한 이성적이고 성숙한 대응 방식을 의미한다.

도량을 넓히는 방법 : 변론하지 않기

장자는 '대변불변大辯不辯'이라 하여 '변론하지 않는 것이야말로 최고의 변론'이라고 했다. 대개 논쟁은 시간과 에너지를 소모하고 서로의 감정을 상하게 한다. 그러니 변론과 언쟁을 하지 않는 것이 인생 최고의 지혜일 수 있다.

뉴욕의 부동산 중개인 윌리엄 하난은 2억 달러(약 2천8백억 원)가 넘는 부동산 거래를 성사시킨 적이 있다. 그는 "중개인의 최대 금기 사항은 고객과의 논쟁이다. 논쟁은 경쟁의 일종인데 경쟁에서 지고 싶은 사람은 아무도 없기 때문이다."라고 말했다.

언쟁은 사람들로 하여금 자기 입장만 고수하게 만들기 때문에 문제가 더 복잡하게 꼬이고 불필요한 갈등과 충돌이 생긴다.

논쟁하지 않으면 얼핏 타협하는 것처럼 보일 수도 있다. 그런데 사실 논쟁하지 않으면 그 사람의 기품과 타인을 용서할 줄 아는 마음의 도량이 드러난다. 『장자』의 〈추수秋水〉편에 이런 구절이 있다.

"우물 안 개구리에게 바다를 알려줄 수 없는 이유는 좁은 공간 때문이고井蛙不可以語於海者, 拘於虛也,

여름벌레에게 얼음을 알려줄 수 없는 이유는 제한된 시간 때문이고夏蟲不可以語於冰者, 篤於時也,

마음이 굽은 선비에게 도를 알려줄 수 없는 이유는 편협한 도리 때문이다曲士不可以語於道者, 束於敎也."

가진 지식이 다르고, 가치관이 다르며, 경험이 다르다 보면 식견도 다를 수밖에 없으니 논쟁할 이유가 없다는 뜻이다.

어른이라면 자신의 반발심을 자제하고, 모든 것을 온화한 태도로 대하며, 넓은 도량으로 이를 품을 줄 알아야 한다.

▎어른의 세계 : 논쟁 대신 침묵

'위치가 다르면 말을 줄이는 것이 현명하고, 식견이 다르면 다투거나 논쟁하지 않는다.'라는 말이 있다. 말을 삼가는 것이 최고의 지혜라면, 마음을 다스리는 것은 최고의 자기 절제다.

침묵과 자기 절제가 깊은 삶의 지혜를 반영한 것이라면, 언쟁과 변론을 하지 않는 것은 더 큰 노력과 수행을 필요로 한다.

남은 인생을 즐겁고 행복하게 보내고 싶다면 다른 사람과 논쟁하지 않는 법을 배워야 한다.

1. 가족과 논쟁하지 않기

가족이나 배우자와의 논쟁은 모두에게 패배감만을 안겨줄 뿐이다.

우리가 성숙해지면 부모님의 잔소리도 자존심을 내려놓은 채 조용히 들을 수 있고, 가장 사랑하는 사람들을 최고의 성품으로 대할 수 있게 된다.

2. 사랑하는 사람과 논쟁하지 않기

중국의 극작가 양장楊絳은 자신의 저서 『우리셋』에 이런 일화를 담았다. 그녀는 첸중수錢鐘書 작가와 크루즈 여행을 하던 중 프랑스 단어의 독음을 놓고 옥신각신했다. 양장은 첸중수의 발음이 사투리라고 지적했고, 이에 불복한 첸중수는 그녀에게 감정이 상할 만한 말들을 해댔다. 양장도 질세라 반격에 최선을 다했다. 결국 그들은 크루즈에 동승한 다른 프랑스 부인에게 판단을 부탁했다. 결과는 양장의 승, 첸중수의 패였다. 양장이 말했다. "이겼는데도 찝찝하고 즐겁지 않았어요." 그 후 둘은 아무리 이견이 생겨도 함부로 언쟁하지 않는다고 한다.

부부간의 말다툼은 가정의 불화로 이어진다. 결혼 생활은 전쟁이 아니다. 정말로 중요한 것은 서로의 감정과 화목함이지, 옳고 그름

이나 맞고 틀리고는 크게 중요하지 않다. 애정이 있는 결혼 생활에
는 승자도 패자도 없다는 점을 기억하자.

3. 친구와 논쟁하지 않기

전국시대 조趙 나라의 대신이었던 인상여藺相如와 염파廉頗 사이에
유명한 일화가 있다. 염파는 인상여의 지위가 자신보다 높다는 사
실에 불만을 품고 사사건건 그에게 척을 졌고, 나라의 안위를 생각
한 인상여는 염파와의 충돌을 최대한 피해 다녔다. 훗날 자신의 실
수를 깨달은 염파가 인상여에게 벌을 받겠노라며 용서를 구하고 나
서야 둘은 진정한 벗이 되었다.

『도덕경道德經』에 "오직 논쟁하지 않기에, 천하에 그와 논쟁할 수 있
는 자가 없다夫唯不爭, 故天下莫能與之爭."라는 구절이 있다. 비논쟁적인 자
세를 취하면 아무도 논쟁할 수 없다는 뜻이다.

정말 강한 사람은 다른 사람과 경쟁하려 애쓰지 않는다. 그들은
외부 세계의 낭설에 맞설 수 있는 강한 내면과 충분한 자신감을 가
졌기 때문이다.

젊은 시절에는 지는 게 달갑지 않아서 승패에 집착하지만, 연륜이
쌓이다 보면 중요한 것은 승패가 아니라 내면의 편안함과 조화라는
사실을 깨닫게 된다. 알아도 모르는 척 침묵하고 논쟁을 삼가는 것
이 자신과 타인의 체면을 지키는 최고의 방법이다.

약자는 무리를 이루고, 강자는 고독을 즐긴다

우리는 살면서 무수히 많은 갈림길에 선다. 넓고 평탄해서 사람이 북적이는 길도 있고, 어둡고 협소해서 가려는 사람이 드문 길도 있다.

편안함을 찾는 것이 본능이라면 난관에 직면하며 과감히 앞으로 나아가는 것은 용기다. 인생의 격차는 다른 사람이 하기 싫어하는 일을 할 수 있는지와 어려운 길을 갈 수 있는지에 따라 달라진다. 어려운 길을 선택하면 가시밭길이 펼쳐지고 끝없는 시련에 부딪히기도 하겠지만, 언젠가 큰 열매를 맺을 수도 있다.

남에게 맞추는 행동은 호의를 살 수 없고, 호의를 사려는 행동은 호감을 얻을 수 없다

무라타 사야카 작가의 『편의점 인간』 속 주인공 후루쿠라 게이코

는 어릴 적부터 별종 취급을 받았다. 차갑고 직설적인 성격 탓에 친구들은 그녀를 고지식하고 진부한 사람이라고 생각했고, 부모는 정신적인 문제가 있는 게 아닌지 의심했다.

그녀는 주변 사람들을 만족시키기 위해 변화를 시도하기로 결심하고 모든 면에서 각별한 주의를 기울였다. 다른 사람들의 말투를 따라 하고, 활발한 모습을 보여주기 위해 노력하는 것은 물론, 공감대를 형성하기 위해 다른 사람이 쓰는 것과 똑같은 브랜드의 물건을 일부러 구매하기도 했다. 하지만 아무리 비위를 맞추고 환심을 사려고 노력해도 사람들은 시큰둥했고, 그녀는 점점 지쳐갔다.

그러던 어느 날 그녀는 한 편의점에서 아르바이트를 시작했다. 그녀는 편의점에서는 규칙에 따라 할 일만 잘하면 그뿐, 타인의 감정에 일일이 반응하지 않아도 된다는 사실에 놀랐다. 그곳이 천직이라 느낀 그녀는 다른 사람의 눈에는 비루한 편의점 일을 무려 18년이나 계속했다.

남에게 무조건 맞추기만 하는 삶에선 자기 존재감이 흐려지고 만다. 자기 본분에 집중하고, 홀로서기를 두려워하지 않아야 외부 세계의 혼란스러움을 차단하고 자기 자신에게 충실해질 수 있다.

1960~70년대에 한 '지식 청년'知靑(중국 문화 대혁명 시기에 농업 생산과 다른 사회활동에 동참하도록 도시에서 농촌으로 파견된 청년들_역주)이 있었다. 그는 주위 사람들과 한 번도 어울리지 않았다. 다른

사람들이 카드놀이를 할 때 그는 단어를 외웠고, 다른 사람이 늦잠을 잘 때 그는 일찌감치 일어나 영어책을 읽었다. 같이 파견된 다른 지식 청년들도 무리에 어울리지 못하고 '교양 있는 척'하는 그를 싫어했다. 일부 고위 간부가 따돌림당할 수도 있으니 사람들과 좀 어울리며 다니라고 충고했지만 그는 이를 거부한 채 주경야독으로 공부에만 매진했다. 1978년 가오카오高考(대입 고시)가 부활하자 그는 오직 자기 실력으로 베이징 제2외국어 학원에 당당히 합격했다. 수준 높은 영어 실력과 뛰어난 필력으로 외교부 입부까지 성공한 그 청년은 훗날 왕이王毅 외교부장으로 이름을 떨친다. 외톨이로 지낸 그 시간 동안 학문을 파는 데만 몰두하고 형식적인 사교 활동에 시간을 낭비하지 않은 덕분에 오늘날의 성과를 거둘 수 있었다.

무리에 속하기 위해 대인 관계에 많은 시간과 에너지를 쏟는 사람들이 우리 주변에도 많이 있다. 반면 내면의 목소리를 따라 혼자만의 시간을 즐기며 남들이 보지 않는 곳에서 몰래 힘을 기르는 사람은 몹시 드물다.

작가 션스시沈石溪는 "외로움은 탁월함의 지표이자 고귀한 품격이다."라고 말했다. 깨어있는 삶을 사는 사람은 맹목적으로 무리에 휩쓸려 들어가는 대신 혼자만의 시간을 즐긴다. 바람과 급류에 휩쓸려 자신을 잃는 대신 술잔이 오가는 그 시간을 자기 능력 향상을 위해 쓰는 게 훨씬 이득이라는 것을 알고 있기 때문이다. 무작정 남을 따라 하는 사교 활동이 원하는 삶을 가져다줄지는 불확실하지만, 학업과 훈련에 집중하면 자신을 위한 더 나은 미래를 준비할 수 있다. 그러니 혼자 있는 법을 배워보자. 혼자 있는 시간 동안 인내심을 가지고 묵묵히 정진하다 보면 어느새 훌륭한 모습을 조각할 수 있다.

▎어리석은 사람은 밖에서 원인을 찾고, 현명한 사람은 자신을 되돌아본다

이탈리아 화가 니콜라 사모리Nicola Samori의 인물화에는 그만의 특별한 표현법이 담겨있다. 바로 한쪽 눈만 그리는 것이다. 그의 그림을 이해하지 못한 누군가가 그 이유를 묻자, 사모리는 이렇게 답했다.

"사람의 취약점 중 하나가 두 눈으로 밖을 보는 것만 익숙하고 자신을 살펴보지 않는다는 거예요. 그래서 저는 사람들이 한쪽 눈으로 세상을 보고 나머지 한쪽 눈으로는 자신을 들여다보길 바랐어요."

어떤 문제가 생겼을 때 사람들 대부분은 책임 전가, 즉 문제의 원인을 외부 세계로 돌리는 행동을 가장 먼저 한다. 반면 세상의 이치를 깨달은 사람들은 자기반성을 한 다음 실수를 발전의 동력으로 삼는다.

맹자는 "행하였으나 얻음이 없다면 오히려 자신에게서 원인을 찾아야 한다行有不得, 反救諸己."라고 말했다. 문제가 생겨도 교만하거나 자만하지 않고 자아 성찰을 통해 자기 안에서 원인을 찾아야 한 단계 성장할 수 있다는 뜻이다.

영화 〈입춘立春〉의 황쓰바오黃四寶는 미대에 들어가기 위해 몇 년간 노력했지만, 매번 낙방했다. 서른이 된 그는 아직 제대로 된 직장도 없이 매일 집에서 술을 마시며 빈둥거렸다. 6번째 불합격 소식을 듣던 날, 그는 또다시 하늘을 원망했다. 하늘이 자신에게만 불공평하고, 어머니 때문에 출신도 비루하고, 재능을 발휘할 기회도 못 만났다는 레퍼토리였다. 그를 지켜보던 사촌 형 저우위周瑜는 그가 하늘처럼 큰 욕망을 가졌지만, 실제로 행동에 옮기는 것은 한 번도 본 적이 없다며 "넌 맨날 남 탓만 하더라. 그런데 가장 큰 문제는 바로 너야."라며 쓴소리했다.

자기 성찰에 미숙한 사람은 수많은 좌절을 겪어도 결국 성장하지 못하고, 아무리 큰 시련이 닥쳐도 강해지지 못한다. 자신의 부족함을 먼저 파악하고 보완해야만 정확한 삶의 방향을 찾을 수 있고 자신을 발전시킬 수 있기 때문이다.

살다 보면 실수를 반복하기도 하고, 이리저리 치이는 일도 밥 먹듯 자주 겪게 된다. 그럴 때마다 모든 실패와 잘못을 다른 사람 탓으로 돌리는 대신 차분히 자신을 돌아봐야 한다. 모든 일의 원인을 밖에서 찾으면 '원망'이란 감정에 사로잡혀 영원히 제자리걸음을 하게 되지만, 나를 돌아보고 반성하면 실패 가운데서도 새로운 경험을 얻고 전환점을 찾아낼 수 있다.

'타인을 이해할 수 있는 사람은 지혜롭고, 자신을 이해할 수 있는 사람은 명철하다'는 말처럼, 자기 성찰을 토대로 자신에 대해 정확히 알게 되면 반성을 통해 끊임없이 나아가고 개선하며 성장과 변화를 이룰 수 있다.

▌고생을 자처하는 능력자

고생은 인생의 기본값이다. 그러나 많은 이들이 고생을 받아들이지 않고 수동적으로 대응하며 안락한 자신의 울타리 안에서만 지내기를 바란다. 가난을 극복하고 자신에게 채워진 족쇄를 풀고자 고생을 자처하는 사람은 극소수다. 파도처럼 등락이 반복되는 인생에서 비바람을 피하기란 거의 불가능에 가깝다. 다만 이런 환경을 받아들이고 고생을 감수할 줄 아는 사람에게는 미래에 대한 더 많은 선택과 자유가 주어진다.

중국 부동산 기업 완커万科의 창업자 왕스王石가 교수직에 채용됐을 때의 일이다. 그는 연단에서 짐짓 당당하고, 침착하게 강의했지만, 아무래도 능력 부족이라는 생각을 지울 수가 없어 자신이 그동안 쌓은 지식을 되짚어 보기 시작했다. 그러던 중 우연한 기회를 통해 환갑에 가까운 나이임에도 하버드대로 연수를 떠나게 되었다. 물론 첫해에는 언어의 장벽 때문에 적잖은 고생을 했다. 그는 수업 진도를 쫓아가기 위해 밤새 책을 읽고, 매일 아파트와 캠퍼스 그리고 도서관만을 오가는 생활을 했다. 또 교수와의 원활한 소통을 위해 방대한 영어 출간물을 읽고, 듣기와 말하기 연습을 하며 자신의 부족한 점을 채워나갔다. 피곤하고 정신없이 바쁘게 생활한 탓에 심각한 난시와 충혈, 망막동맥경화증 등 눈에 문제가 나타나기도 했다. 하지만 하늘은 스스로 돕는 자를 돕는다고 했던가. 하버드대에서의 학업적 충전으로 왕스는 새로운 인생을 얻은 것만 같았다. 그는 "녹슨 기계에 새로 윤활유를 칠한 것 같다."라고 달라진 자신의 사고방식에 대해 묘사하며 새로운 생각과 아이디어가 부단히 솟아오른다고 말했다.

존경받는 일본 기업가 이나모리 가즈오稲盛和夫는 "당신이 겪는 스트레스와 좌절이 오히려 자신을 수련할 수 있는 절호의 기회다."라고 말했다. 인생을 사는 동안 우리는 다양한 어려움을 겪고 각양각색의 시험에 빠진다. 어려움을 회피하는 쪽을 선택하면 잠시 편할 수는 있겠지만 위험을 미래에 매복시킨 것뿐이라 언젠가는 비바람을 맞게 된다.

주도적으로 고생을 자처하면 미래를 위한 견고한 기반이 닦이고 더 넓은 길이 열린다. 타인과 삶의 격차를 벌리는 사람들을 살펴보면, 대부분은 고생을 자처하는 고수들이다. 고난 속에 수행이 있고, 역경 속에 성장이 있는 법이다. 부디 어렵더라도 가치 있는 일을 하고, 힘들어도 올바른 길을 걸어가는 당신이 되기를 바란다.

포기는 쉽고 도전은 어렵다. 이 이치를 깨달으면 모든 고생을 감내하고 어려움을 이겨내는 과정에서 당신이 바라는 모든 것이 자연스레 이루어질 것이다.

▌사람이 적은 길을 선택하라

인생의 길은 쉬운 길일수록 혼잡하고, 어려운 길일수록 외로울지라도 견딜만한 가치가 있다. 사람이 적은 길을 택하고 외로움 속에서 자신을 다듬어나가다 보면 세상의 풍파를 이겨내고 큰 깨달음을 얻을 수 있다. 또 실수를 저질렀을 때는 고개 숙여 반성함으로써 성숙한 자신의 모습을 만들고, 힘겨운 수행을 통해 내면을 성찰함으로써 이상적인 삶을 이루어 나가야 한다.

인생은 복잡하고 혼란스러운 여정이다. 그렇지만 내면의 공간을 지켜내고 자신만의 생각과 선택을 견지한다면 남들과는 다른, 특별한 존재가 될 수 있다.

인생의 필수 능력 :
비우고, 내려놓고, 떠나기

앞으로의 인생이 어떻게 전개되고 어떤 결말을 맞을지는 지금 이야기를 어떻게 쓰는지에 따라 결정된다. 만약 인생의 책장을 넘길 줄 모르면 사람은 과거의 소용돌이에 갇힌 채 끊임없이 자신을 소모하게 될 것이다. 그러니 '내려놓음'을 통해 과거는 과거로 남겨두는 것이 현재의 자신을 위한 최고의 배려일 것이다.

내가 좋아하는 명언 중에 "마음에 갇히지 말고, 감정에 흐려지지 말며, 미래를 두려워하지 말고, 과거를 그리워하지 말라."라는 펑즈카이豊子愷 작가의 말이 있다.

이는 과거에 집착하지 말고, 과거에 발목 잡히지 말며, 용감하게 미래를 향해 걸어가야 한다는 의미다.

그리워하지 않는다는 것은 과거를 내려놓는다는 뜻이고, 두려워하지 않는다는 것은 미래에 대한 자신감을 가졌다는 뜻으로, 사람들에게 너무 중요하고 필수적인 '내려놓음'이라는 능력을 시험해 보는 말이다. 과거는 과거로 흘려보내고 현재를 출발시킴으로써 미래를 맞이해야 한다.

▌내려놓지 못하는 것은 감정 소모일 뿐이다

과거에 이미 발생한 일을 되뇌느라 과도한 시간과 감정을 사용하는 것은 현재와 미래 그리고 자신에게 부담이 된다. 작가 위화余華는 "말로 표현은 안 하지만, 사람들은 속으로 똑같은 드라마의 결말을 수백, 수천 번 반복 재생한다. 드라마는 진작 끝났지만, 머릿속에서는 여전히 상영되고 있는 것이다."라는 표현을 통해 사람들이 감정 소모를 하는 이유가 내면의 드라마 때문이라고 설명했다. 과거에 이미 끝난 일을 내려놓지 못하고 속으로 끊임없이 되뇌는 행동은 침묵 속에 자신을 소모하게 만든다.

테니스 스타 리나李娜가 자신이 슬럼프에 빠졌던 당시의 이야기를 들려주었다. 그녀의 슬럼프 기간, 스포츠 뉴스의 헤드라인은 '슬럼프에 빠진 리나'와 같은 제목으로 가득 채워졌고, 시합에 나가도 1라운드에서 번번이 고배를 마셨을뿐더러, 예선전에서 신예 선수에게 승리를 빼앗기기도 했다. 설상가상으로 그녀와 코치와의 파트너십도 끝을 향해가고 있었다.

'그렇게 열심히 훈련하는데 왜 시합만 하면 번번이 실수를 하는 걸까?' 그녀는 자신에 대한 의구심을 지우지 못하고 끊임없이 자책했다. 이미 패배로 끝난 경기 결과에 집착하며 컨디션을 다시 끌어올리지 못했던 것이 리나가 슬럼프에 빠진 가장 큰 원인이었다. 훗날 그녀는 그 당시를 회상하며 "챔피언이 될 만한 실력은 갖추었지만, 챔피언의 마인드가 부족했다. 그래서 패배한 모든 경기를 계속 곱씹으며 무한한 감정 소모를 하고 있었다."라고 솔직하게 고백했다.

14개월간의 우승 공백, 그리고 반복되는 예선 탈락이라는 상황 앞에서 리나는 문득 이제 더 떨어질 나락이 없다는 생각이 들었다. 그래서 그녀는 '내려놓기'를 결심했다. 미래를 위해 모든 과거를 과감하게 내려놓기로 한 것이다.

2012년 하반기부터 컨디션 조절을 시작하여 마침내 그랜드슬램 타이틀을 거머쥔 리나는 지난 한 해는 실패와 씨름하느라 자신을 '극복 불가'와 '이해 불가'라는 감옥에 가두고 있었다고 말했다.

세상에는 생각만으로는 예상할 수 없는 일들이 너무나 많고, 인생의 길은 스스로 걸어봐야만 알 수 있다. 그러니 앞으로 한 걸음씩 나아가야 한다. 그러다 보면 언젠가 새로운 상황이 펼쳐질 것이다.

프랑스 작가 로맹 롤랑Romain Rolland이 "인생의 길 위에서 우리에게 가장 좋은 방법은 앞만 보고 뒤돌아보지 않는 것이다."라고 말했다. 인생의 길은 언제나 앞으로 펼쳐진다. 앞으로 나아가야만 과거의 감정과 속박에서 벗어날 수 있다.

▌ 내려놓음도 일종의 능력이다

'내려놓자'라고 결심하는 순간 과감히 내려놓게 만드는 것은 그 사람의 패기이자 강력한 능력이고, 어제의 우리를 놓아 보내도록 하는 것은 인지력과 결정력, 그리고 자신감이다.

일론 머스크의 모친이자 세 자녀를 모두 백만장자 반열에 올려놓은 메이 머스크^{Maye Musk}는 일명 '슈퍼 맘'으로 통한다. 그런데 젊은 시절 그녀의 결혼 생활은 불행이 가득했다.

메이는 22살에 고등학교 동창과 결혼식을 올렸다. 그런데 얼마 지나지 않아 그녀에게 서슴없이 주먹을 휘두르고 발길질을 하는 등 남편의 폭력성이 드러나기 시작했다. 신혼 초에는 더 훌륭한 아내와 엄마가 되면 남편도 서서히 바뀔 거라는 생각에 이혼은 꿈도 꾸지 않았다. 하지만 한번 시작된 가정폭력은 끝이 없는 악몽과도 같았다. 메이가 순종적이라 여긴 탓에 남편의 폭력성은 높아져 갔고, 그녀를 구타하는 횟수도 늘어만 갔다. 메이는 이혼을 얘기했지만, 남편은 이혼하는 순간 면도칼로 그녀의 얼굴을 도려내고 세 아이의 다리를 부러트리겠다고 협박했다.

당시 남아프리카 공화국에서 가정폭력은 이혼 사유가 되지 않았기 때문에 메이 머스크는 무려 9년이나 가정폭력을 견뎌야 했다. 그녀가 31살이 되던 해, 마침내 남아프리카 공화국의 혼인법이 개정되었다. 그녀는 법원에 다시 이혼장을 접수하고 변호사의 도움을 받아 악몽 같았던 혼인 생활에서 겨우 벗어날 수 있었다.

손에 들려진 카드가 별로였지만 상관없었다. 용기와 실력에 기대어 새로운 패를 고르면 된다는 생각이었다. 이혼 후 메이의 생활에는 따뜻한 서광이 비치기 시작했다. 그녀는 홀가분한 마음으로 세 자녀를 데리고 더반Durban에서 블룸폰테인Bloemfontein의 작은 마을로 이사했다. 세 아이가 값싼 샌드위치로 배를 채우고 낡은 옷으로 추위를 버텨야 할 정도로 생활은 빈곤했고, 좁디좁은 아파트에서 네 명이 생활해야 했지만, 메이는 모든 게 만족스러웠다. 과거의 끔찍했던 생활과 영원히 헤어졌기 때문이었다.

영양사로 근무하면서 메이의 수입이 조금씩 늘자, 네 식구의 생활도 나아졌다. 그리고 새로운 생활을 시작하겠다고 결심한 순간부터 과거의 자신에게 연민의 감정을 느낄 새도 없이 앞만 보고 달려온 그녀의 얼굴에도 점차 미소가 어리기 시작했다.

과감하게 새 인생을 출발하는 그녀의 모습은 유년기를 보내던 세 자녀에게도 깊은 영향을 미쳤다. 그 덕분에 셋 다 걸출한 인재로 성장할 수 있었다.

인생이란 비우고, 내려놓고, 떠나는 과정의 연속이다. 불쾌한 일이나 사람에 얽매이지 않아야 정말 중요한 것을 위한 자리가 마련되고, 세속적인 과거에 갇히지 않아야 내일을 위한 에너지를 남길 수 있다.

이 이치를 이해하면 언제든지 새로운 인생의 장을 열고 주인공으로서의 삶을 다시 시작할 수 있다.

▮ 과거의 책장을 넘기는 자만이
고난의 챕터를 끝낼 수 있다

약한 사람은 과거의 영광을 내려놓지도, 치욕을 떨쳐내지도 못해 과거를 끌어안고 산다.

좌종당左宗棠, 증국번, 장지동張之洞, 이홍장李鴻章은 청나라 말기 4대 신료라는 뜻의 '만청사대명신晚晴四大名臣'이라 불린다. 그중, 좌종당은 자신의 진가를 알아봐 준 증국번의 안목 덕분에 평생에 걸쳐 여러 공훈을 세울 수 있었다. 좌종당은 향시鄕試에 급제한 뒤 전시展試에 세 차례나 참가했지만, 끝끝내 진사進士에 합격하지 못해 앞날이 불투명한 상황이었다. 다행히 증국번이 군사로서의 재능을 알아보고 여러 번 좌종당을 발탁한 덕분에 단독 출병하여 자신의 전략과 재능을 펼쳐 보일 기회를 가질 수 있었다.

하지만 시기심이 강한 인물이었던 좌종당은 전시에 낙방한 자신과 달리 과거에 급제하여 순탄한 출셋길을 걷는 관료들을 증오했다. 특히 증국번이 그 대상이었는데, 군사적 지략과 군사적 전술로는 자신이 증국번을 월등히 앞선다고 여겼다.

좌종당이 증국번을 비웃은 일화는 유명하다. 그는 증국번을 향해 '재주가 없다', '지략이 부족하다', '재능이 부족하다', '주인이 둔하니 병기가 고달프겠다' 등의 언사를 거침없이 쏟아냈다. 한편 증국번은 좌종당의 비방에도 개의치 않았고, 비난 어린 말에도 직접 대응하지 않았다. 오히려 지인과 식솔들에게 반박하지 말라는 당부까지 했다.

초반에 둘의 협력이 순조롭게 이뤄질 수 있었던 것도 사실은 배려심 깊은 증국번의 성격 덕분이었다. 반면 좌종당은 난폭한 성격으로 소문이 자자했다. 한번은 총병擔兵 번섭樊燮에게 지독한 욕설을 퍼부어 경성京城 안이 떠들썩해진 적이 있다. 소문을 들은 황제는 좌종당의 참살을 명했다. 증국번은 그가 청나라의 대들보이자 중요한 인재라는 생각에 과거는 묻어두고 황제께 간청을 올려 죽음의 위기에서 좌종당을 구해냈다.

훗날 좌종당이 뒤에서 칼을 꽂는 바람에 증국번이 동생과 함께 죽을 고비를 넘긴 사건이 발생했다. 이 사건 때문에 두 사람의 관계는 완전히 틀어졌고, 둘은 8년간 아무런 교류 없이 지냈다. 그런데도 증국번은 좌종당과의 관계에 대해 일언반구 하지 않았다. 좌종당이 자신에 대한 비방을 멈추지 않을 때도 그는 '말을 아끼고 얽매이지 말라'는 가훈처럼 그를 과거로 놓아두었다.

그 후 좌종당은 섬감陝甘, 현 산시성 지역 총독으로 부임했다. 그런데 서북지역의 물자 부족이 심각해져 군수물자를 제때 조달할 수 없는 상황에 놓이게 되었고, 사방팔방 도움을 청했지만 아무도 도와주는 이가 없었다. 그때 중국번이 손을 내밀었다. 중국번은 과거의 케케묵은 일은 신경 쓰지 않고 오직 정세를 안정시켜야 한다는 일념으로 좌종당의 우환을 해결하고 서북지역의 어려움을 해소하기 위해 적극 나섰다.

사료를 통해 쉽게 알 수 있듯이, 좌종당은 중국번에게 불복하고 평생의 은혜를 원수로 갚았지만, 중국번은 좌종당과 경쟁할 생각이 전혀 없었다. 자신을 이기기 위한 '극기지공克己之功'의 노력으로 '과거는 뒤돌아보지 않는다.'라는 자신의 인생 철학을 그대로 실천한 것이다.

쉬안써玄色의 소설 『수장守藏』에 "약자만이 과거에 얽매일 뿐, 강자는 언제나 시선을 앞으로 둔다."라는 구절이 있다. 약한 사람은 뒤돌아보며 후회하는 것에 익숙하지만, 강한 사람은 앞을 보며 자신을 한층 강하게 만드는 데 집중한다. 얽매이지 않고 내려놓을 줄 아는 것이 진정한 강자의 태도이기 때문이다.

소설 『생사피로生死疲勞』에 "세상 걱정도 결국은 책처럼 한 장씩 다 넘어가기 마련이다."라는 표현이 있다. 오래된 역사의 페이지를 뒤적이는 건 자제하고 다음 장을 기대해야 한다는 의미다. 찬란했든

쇠미했든 과거는 이미 완료된 챕터다. 앞으로의 인생이 어떻게 전개되고 어떤 결말을 맞을지는 지금 이야기를 어떻게 쓰는지에 따라 결정된다.

인생의 책장을 넘길 줄 모르면 사람은 과거의 소용돌이에 갇힌 채 끊임없이 자신을 소모하게 된다. 그러니 내려놓음을 통해 과거는 과거로 남겨두는 것이 현재의 자신을 위한 최고의 배려일 것이다. 부디 과거를 연기와 함께 날려 보내고 눈앞의 풍경으로 여생을 가득 채우길 바란다.

복잡함에서 단순함을 찾아가는
인생의 후반전

작가 린위탕林語堂은 이렇게 말했다.

"삶의 지혜는 중요하지 않은 것을 조금씩 치우고 비워내어 가장 중요한 것을 남기는 데에 있다."

삶이 힘들게 느껴지는 이유는 어떤 것이 더 중요하고 덜 중요한지를 구분하지 못하고, 인생의 취사 선택을 어떻게 하는지 잘 모르기 때문이다. 무엇이 제일 중요하고, 중요하지 않은가? 무엇을 지우고 무엇을 남길 것인가? 인생을 살다 보면 무언가가 필요할 때도 있고, 그로 인해 피곤해지기도 한다. 우리의 모든 행동은 자기 내면의 즐거움과 인생의 아름다운 경험을 위한 것이었는데도 말이다.

간결한 내면과 적당한 이기심을 유지하는 법을 배우고, 자신을 피곤하게 만드는 욕망과 불안한 과거를 모두 걸러내고 제거하며, 다른 사람을 도울 때도 자신의 즐거움이 우선시 되어야 편안하고 자유로우면서도 지치지 않는 삶을 영위할 수 있다.

▌ 단순하게 살기

작가 싼마오三毛는 "나는 진지한 삶보다 단순한 삶을 추구한다."라고 했다. 인생의 전반전이 단순함에서 복잡함을 추구하는 성장의 과정이라면, 후반전은 복잡함에서 단순함을 찾아가는 수행의 과정이다. 사는 게 힘들다고 토로하는 사람들 대부분은 정말 삶이 힘들다기보다는, 지나치게 많은 생각에 사로잡혀 있는 경우가 많다. 이들은 동료 사이의 가벼운 농담이나 무의미한 타인의 시선에도 오랜 시간 괴로워하거나, 작은 실수를 저질렀을 때 다른 사람들은 전혀 신경 쓰지 않는데도 좌불안석으로 불안해한다. 또 다른 사람들은 중요하지 않다며 대수롭지 않게 넘기는 일을 혼자서만 전전긍긍할 때도 있다.

마치 『신당서新唐書·육상선전陸象先傳』에 나온 "생각이 많은 사람은 피곤하고, 걱정하지 않는 사람은 아무렇지 않다."라는 구절처럼 말이다. 소소한 일을 앞두고 생각이 많아지면 불안하고, 중요한 일을 앞두고 생각이 많아지면 부담감을 이겨내기 어렵다. 좋은 일을 앞두고 생각이 많아지면 피로가 몰려오고, 나쁜 일을 앞두고 생각이 많아지면 영원히 극복할 수 없는 벽이 생긴다.

인생이 피곤한 이유는 생각을 지나치게 많이, 그리고 복잡하게 하기 때문이다. 모든 일을 단순하게 생각하고 즐기면 삶이 덜 피곤하다. 이를 위해서는 생각을 간소화하고 복잡한 문제를 단순화하여 타인과의 마찰을 줄이고, 마음대로 생각하는 행동을 멈추며, 자신에 대한 의심을 거두어야 한다.

단순하게 생각해야 생활이 즐거워지고, 생활이 단순해져야 인생이 수월해진다는 점을 명심하자.

▎조금은 이기적인 것도 괜찮아

다른 사람에게 밉보일까 봐 시키는 일을 거절하지 못하고 무조건 받아들인 경험이 있는가? 남들의 눈에 비치는 모습을 걱정하느라 다른 사람이 무슨 말을 하든 반박 대신 무조건 수긍한 적은 없는가? 자신이 곤경에 처하더라도 능력이 되는 한 최선을 다해 남을 도와준 경우도 분명히 있을 것이다.

항상 다른 사람부터 생각하고, 그들을 실망시키고 싶지 않다는 생각에 상대에게 양보하다 보면 힘들어지는 건 결국 자기 자신이다. 삶이 즐겁지 않다고 느껴지는 이유는 지나치게 남을 신경 쓰기 때문인 경우가 많다. 당신이 한 걸음 물러서면 그들은 그만큼 더 깊숙이 들어오고, 당신이 용서할수록 그들은 당신을 아무렇게나 대해도 되는 사람이라고 여긴다.

누군가 말했다. "이번 생을 편안하게 살고 싶다면 세 가지 마지노선과 다섯 개의 원칙을 정해 놓고 다소 '이기적'으로 행동해야 한다."

타인에게 피해가 가지 않는 선에서 자기 생각과 필요에 더 큰 관심을 가지고 마음의 소리를 경청해야 한다는 의미다. 그리고 이런 행동의 출발점은 '누가 나는 이렇게 해야 한대', '누가 이렇게 해줬으면 좋겠대'가 아니라, '내가 원하고 좋아서 하는 것'이어야 한다. 소위 말하는 이기적인 사람들은 타인을 생각하기 전에 나 자신을 위해 한 번 더 생각해 볼 줄 아는 이들이다.

자신을 잘 돌보는 사람이 타인도 잘 돌봐줄 수 있고, 자신을 사랑할 줄 아는 사람만이 다른 사람을 사랑하는 마음의 여유도 가질 수 있다.

▌센 척은 그만, 약한 티 내기

"일을 성공적으로 이끄는 사람은 단순히 승리만 추구하는 사람이 아니라, 자신만의 강점을 확실히 가지고 있으면서도 약점을 솔직하고 스스럼없이 보여줄 수 있는 용기를 가진 사람이다."라는 말을 들은 적이 있다.

우리의 삶이 피곤한 이유는 '센 척'하는 데 익숙해졌기 때문인 경우가 많다. 어른의 세계에 들어서는 순간부터 나에게 의지하는 사람은 많아지지만, 내가 의지할 수 있는 사람은 오히려 줄어든다. 대부분은 직장이나 일상생활에서의 모든 일을 혼자 해결하고, 혼자 스트레스를 감내하며, 아무리 힘들어도 힘들다는 말을 입 밖으로 내뱉어 도움을 구하지 않는다. 그러다 어느 순간 통화 중에 나온 '나 잘 지내.'라는 단 한 마디에, 혹은 사람들 앞에서 강한 척 '괜찮아.'라고 답하는 순간에 말로 형용할 수 없는 슬픔을 느낄 때가 있다. 우리는 모두 평범한 인간이기에 결국에는 견딜 수 없거나, 버틸 수 없는 순간이 오고야 마는 것이다.

적절한 시기에 약한 모습을 보이는 것은 무능함이 아니라 유연한 지혜로움이다. 자신의 피로와 한계를 인정하면서 딱딱한 껍질을 부수고 나와야 도움을 얻을 수 있다. 또 자신의 약점과 불완전함을 인정하고 진정한 자신이 되어야 즐거운 생활이 가능하며, 자신을 가혹하게 몰아붙이는 대신 언제나 내면에서 답을 찾고 외부에 도움을 청하면 아무리 어려운 상황에 부딪히더라도 빛을 볼 수 있다.

약자가 강한 척하는 이유는 약해 보이는 것이 두렵기 때문이고, 강자가 약한 모습을 보일 수 있는 이유는 그것이 자신의 힘을 기르는 또 다른 방법이 될 수 있다는 것을 알기 때문이다.

▎지나친 고집은 금물, 잊어버리는 법을 배우자

"열에 아홉은 생각대로 되지 않는 게 인생이다."라는 말이 있다.

우리가 걷는 모든 걸음에는 득과 실이 담겨있고, 우리가 겪는 모든 일은 아쉬움을 남긴다. 대범한 사람이란 아무것도 신경 쓰지 않는 사람이 아니라, 불쾌한 일을 겪어도 빨리 털어버리고 더 이상 괴로워하지 않는 방법을 아는 사람이다. "많은 것을 잊지 못하면 인생은 계속될 수 없다."라는 프랑스 작가 오노레 드 발자크Honoré de Balzac의 말도 이와 같은 이치다.

삶이 계속되려면 과거는 내려놓아야 한다. 어떤 일을 잊어야만 더 유의미한 일을 할 수 있고, 누군가를 잊어야만 새로운 사람을 만나 사랑할 수 있다.

나이가 들수록 망각은 어쩌면 인생의 지혜가 아닐까 하는 생각을 하게 된다. 누군가 "세월은 사람에게 관대하지 않다. 잊어버리는 것만이 최고의 지혜이다."라고 한 것처럼 번뇌를 잊으면 즐거움이 제자리를 찾고, 원한을 잊으면 가슴속에 선함이 자라나고, 고통을 잊으면 행복한 삶이 돌아온다.

잊어버리되 까먹지 말고, 관대하되 어리석게 굴지 않으며, 항상 미소를 머금은 얼굴로 과거에 대한 집착과 미래에 대한 걱정을 떨쳐버리기 바란다.

▌내가 주연이 되는 '인생'이라는 드라마

자신을 사랑하는 것은 모든 아름다움의 시작이다. 그러나 현실

속 우리는 종종 자기 의견은 무시하고 다른 사람을 기쁘게 해주는 것에 더 익숙해져 있다. 또 직장에서는 유능한 사람, 일상생활에서는 다재다능한 사람으로 변신하며 주어진 역할에 최선을 다하려 노력하지만, 이 과정에서 종종 본래의 자기 모습을 잃어버리고 만다. 또한 부모님의 걱정을 덜어주고, 가족을 안심시키고, 친구들을 편하게 해주기 위해 모든 일을 다 해내려 애쓰지만, 정작 자기감정은 소홀히 하는 경우가 많다.

"세상에서 가장 좋은 것을 얻고 싶다면 먼저 세상에 가장 멋진 당신을 보여주어야 한다."는 말처럼 자신을 사랑하고 즐기며, 자신에 대한 부담을 덜어주어야 마음에 햇살이 가득 비추고 발걸음은 바람처럼 가벼워질 수 있다.

자신을 사랑하는 것은 인생의 지혜이자 삶에 대한 적극적인 태도다. 자신의 평범함과 불완전함을 인정하고 자신과 화해하는 과정에서 자신을 사랑할 수 있고, 인생의 이해득실과 성패를 내려놓는 과정에서 자신을 위한 즐거움을 찾을 수 있으며, 흥미를 찾아 즐기는 과정에서 자신을 위한 기쁨을 찾을 수 있다.

자신을 사랑하는 방법을 배우면 스스로를 낮추거나 무시하지 않고, 외부의 평가와 상관없이 나만을 위한 즐거운 일을 후회 없이 할 수 있다.

독일 철학자 프리드리히 니체Friedrich Nietzsche는 "친애하는 그대여, 부디 그대 인생의 극본이 무엇인지 정확히 알기 바란다. 그대는 부모의 후속편이 아니고, 자녀의 예고편도 아니며, 친구의 번외 편도 아니다. 삶을 대하는 그대의 태도가 대담하고 모험적이어도 괜찮다. 언젠가는 그것들을 잃어버릴 것이기 때문이다."라고 했다.

그 누구의 삶도 다른 누군가에 의해 정의 내려질 수 없고, 그 누구의 삶도 다른 누군가에 의해 납치될 수 없다. 그것이 우리에게 100개의 역할이 주어져도 제일 중요한 역할은 언제나 자기 자신이 되어야 하는 이유다.

눈 깜짝할 새에 인생의 전반전이 끝나버린 지금, 내겐 삶과 시간이 그 어느 때보다 소중하다. 그러니 빠르게 흘러가는 세월을 원망하는 대신 현재를 즐기고, 소심하게 망설이는 태도는 지금 당장 바꾸어보기 바란다.

그대는 부디 원하는 대로 행동하고, 힘든 삶보다는 용감하고 빛나는 삶을 택하며, 자신이 좋아하는 방식으로 진정 자신을 위한 삶을 아름답게 살아나가길 바란다.

4장
—————————————————

비효율적인 활동을
차단하라

혼자 있는 가장 좋은 방법은

무엇보다도 혼자만의 조용함을 만끽하고,

혼자가 된 자신을 즐기며,

혼자이지만 다채로운 자신을 만드는 것이다.

때로는 루틴이
대단한 일상을 만든다

혹시 이런 경험을 해보았는가? 어떤 일을 하던 중에 머릿속에 갑자기 다른 일이 떠오른 이후 아무것도 기억나지 않았던 경험.

반복적인 업무에 에너지 대부분을 쏟은 까닭에 매일 팽이처럼 같은 제자리를 맴돌 뿐, 자신을 위한 충전의 시간을 만들 수 없던 경험.

잠들기 전까지 핸드폰을 본 것도 모자라 눈뜨자마자 핸드폰을 확인하며 자신과 무관한 정보들에 뇌를 잠식당한 경험.

불규칙한 생활로 컨디션이 점점 나빠지더니 티끌만 한 외부 자극에도 큰 혼란을 겪은 경험.

인생은 언제나 불확실성으로 가득 차 있고, 우리가 준비되었는지는 상관없이 앞으로 나가라고 등을 떠민다. 이럴 때 우리가 할 수 있는 일은 자신만의 질서를 확립하고 외부의 혼란을 방지하는 인생의 벽을 세워 규칙적인 생활을 유지하는 것이다.

문제가 닥쳐도 당황하지 않고, 어려워 보이는 일도 손쉽게 해치우는 사람들을 보면 대체로 쉽게 무너지지 않는 자신만의 규칙을 가지고 있다.

▌규칙적인 습관이 단단한 하루를 만든다

한 네티즌은 몇 년 전 슬럼프를 겪었다고 한다. 당시의 그녀는 업무적으로도, 감정적으로도 어찌할 여력이 없어 매일 무기력했고, 아무것에도 흥미가 생기지 않았다. 업무는 마지막 기일까지 미루고 또 미뤄서야 겨우 마무리 지었고, 아침에는 침대에서 빠져나오기가 힘들어 지각하거나 급하게 연차를 사용했다. 핸드폰으로 약간의 위안을 얻기도 했지만, 생활은 통제하기 어려운 지경에 이르렀다. 이렇게 몇 달이 흘렀다. 그녀는 아무것도 하지 않았는데도 하염없이 피곤하기만 했다.

이런 통제 불가능한 삶에 잡아먹힐까 봐 걱정되기 시작한 그녀는 자신을 구제해 보기로 했다. 그녀는 매일 새벽에 일어나 운동으로 컨디션을 끌어올리고 나서 새로운 하루를 맞이하고, 아무렇게나 때우던 아침 식사도 영양의 균형을 신경 쓰기 시작했다.

업무를 시작하기 전에 처리 대기 중인 업무 리스트를 작성하여 긴급하고 중요한 일부터 마무리 지었다. 그리고 긴급하지만 덜 중요한 사안은 최대한 빨리 완료하고, 중요하지만 급하지 않은 일을 그 다음으로 처리했다. 퇴근 전에 '완료' 체크된 업무 리스트를 확인하면 하루가 보람차게 느껴졌다. 퇴근 후에는 충분한 휴식 시간을 가지고 늦은 저녁 시간에는 책을 읽거나 글을 쓰며 보냈다.

신기하게도 그녀는 이런 소소한 일들 속에서 점차 삶을 지탱할 수 있는 힘을 얻었다. 그 후로도 자신의 생활 방식을 지키며 규칙적인 생활을 지속하자 컨디션도 점차 회복되었다.

그녀는 "저 자신을 즐겁게 하는 소소한 일들과 올바른 생활 습관이 서서히 마음을 안정시키고 규칙적인 생활을 되찾을 수 있도록 도와줬어요."라고 회상했다.

생활 습관이 무너질수록 소소하지만 안정감이 드는 일을 해야 한다. 대수롭지 않아 보이는 작은 습관들이 자신감을 길러주고 삶의 확신을 가져다주기 때문이다.

인생을 살다 보면 언제고 역경은 찾아온다. 다만 이때 중요한 것은 자신을 통제할 수 있는 조절 능력과 조절 방법이다. 제때 밥을 챙겨 먹고, 업무시간에 열심히 근무하는 작은 습관 속에 슬럼프를 벗어나는 에너지가 숨어 있다는 점을 명심하자.

┃ 혼란한 내면이 아닌 현재에 집중하자

혹시 이와 비슷한 일을 겪은 적이 있는가?

업무적으로 실수를 저질러 상사에게 혼이 난 다음, 똑같은 실수를 또 범할 것 같은 조바심에 오히려 더 큰 실수를 저지른 경험.

밤늦게까지 야근을 하고 늦잠을 자는 바람에 지하철을 놓쳐 급여가 깎였는데, 당신을 위로해 주지 않는 남자친구에게 화풀이한 경험들 말이다.

우리는 종종 아주 사소한 일 때문에 마음이 혼란스러워질 때가 있다. 미하이 칙센트미하이Mihaly Csikszentmihalyi의 저서 『몰입Flow』에도 이와 관련된 일화가 실려있다.

홀리오라는 남성의 자동차 타이어에 문제가 생겼다. 다음 주말에 급여를 받아야만 타이어를 수리할 수 있던 그는 아침 일찍 차를 주유소로 끌고 가 타이어에 공기를 가득 주입했다. 그런데 퇴근길에 확인하니 타이어에 바람이 다 빠져 있었다. 그는 다시 근처 주유소로 가서 공기를 가득 채운 다음 집으로 돌아왔다. 나흘째 되던 날, 공장으로 차를 몰고 가는데 핸들이 듣지 않을 정도로 타이어가 퍼져 있었다. 그는 온종일 걱정했다. '오늘 저녁에 집에는 갈 수 있을까? 내일 제때 출근은 할 수 있을까?' 걱정으로 머리가 복잡해진 그는 일에 집중하기가 어려웠고 이내 극심한 불안에 떨기 시작했다.

타이어에 정신이 팔린 그 때문에 팀 전체 업무가 지연되었고, 옆

팀의 동료 한 명이 그런 그를 비웃었다. 가뜩이나 기분이 안 좋았던 그는 결국 동료와 다투고 말았다. 아침부터 퇴근할 때까지 점점 쌓여간 스트레스가 업무에도 지장을 주고 대인 관계에도 악영향을 미치고 만 것이다.

가끔 인생 자체는 그렇게 힘들지 않은데 괴로움이란 감정에 우리 스스로 지나치게 몰입할 때가 있다. 그 결과 고통, 공포, 분노, 걱정 등의 부정적인 감정이 생기고, 뇌가 이런 감정에 잠식당하면 내면의 규칙이 무너지면서 혼란이 발생하는 것이다.

뇌가 혼란해질수록 우리의 내면은 점점 무질서해진다. 가끔 직장생활과 일상생활이 엉망이 될 때까지 평정심을 되찾지 못하는 사람도 있다. 그런데 내면이 안정된 사람들은 이미 발생한 일에 얽매이지 않고 현재에 집중하는 모습을 보인다. 이들은 현재에 집중해야 내면의 질서와 안정이 유지된다는 사실도, 현재에 집중하는 것이 무질서한 내면이 질서를 되찾는 가장 간단한 방법이라는 사실도 알고 있기 때문이다.

▌인생의 변화에 맞서 자기 자신을 조율하라

물리학에서 말하는 '엔트로피 증가의 법칙'은 '적기에 간섭하지 않으면 질서 정연했던 사물이 무질서하게 변하고, 결국 소멸로 이어질 수 있다'는 개념이다.

이 법칙은 변화무쌍한 작금의 시대를 살아가는 우리에게도 마찬가지로 적용될 수 있다. 적기에 자신을 시대에 적합한 모습으로 조정하지 않으면 삶에 어려움이 가중될 수 있다. 그러니 지금 우리가 해야 하는 일은 바로 자신을 새롭게 만들 수 있는 상태를 유지하는 것이다.

미리는 한 잡지사에서 6년간 근무했다. 서른 살이 되던 해에 그녀는 1인 미디어가 전통 미디어를 대체해 가고 있다는 사실을 인식하는 한편, 자신이 속해있는 업계에도 곧 위기가 닥칠 것이라고 예상했다. 그녀는 곧 직업의 방향성을 조정했다. 관련 서적을 구매하고 업계의 멘토들에게 자문을 구하며 1인 미디어 업계로 전향할 준비를 시작한 것이다.

그녀는 블로그와 SNS 계정을 운영하는 방법을 공부하고, 여가 시간에도 글 쓰는 작업을 멈추지 않았다. 그렇게 몇 년이 흐르자 정말로 전통 미디어들이 1인 미디어의 영향을 받기 시작했다. 기존에 같이 근무하던 동료들은 곧 실업자 신세가 될 위기에 봉착했지만, 그녀는 1인 미디어 계정 운영에 성공하여 수많은 팔로워를 보유하고, 자신만의 작업실까지 오픈하는 등 이미 안정적으로 자리를 잡은 상태였다.

마흔두 살이 되자 건강이 무엇보다 중요하다는 생각이 든 그녀는 헬스클럽을 등록하고 식습관과 생활 습관을 각별히 신경 쓰기 시작했다. 덕분에 동년배들보다 탄탄한 몸매를 자랑하고 업계 내 젊은 세대보다 왕성한 에너지를 가질 수 있게 되었다. 그녀는 "몸이 건강 해야 최상의 컨디션으로 업무에 임할 수 있다."라고 전했다.

세상을 바꿀 수 없다는 사실은 누구나 알고 있다. 하지만 시대에 맞춰 자신을 변화시키는 건 누구라도 할 수 있다. 변화를 주저하는 사람은 다가올 변화에 아무런 대응을 못 하거나 시대에 뒤처지게 된 다. 반면 언제라도 자신을 조율하고 향상시킬 준비가 된 사람은 시 대의 흐름을 타고 승승장구하며 치열한 경쟁 속에서 자신만의 자리 를 확보할 수 있게 된다.

노자老子가 "규칙이 없으면 일이 이루어지지 않는다沒有規矩, 不成方圓." 라고 말한 것처럼 삶의 규칙을 유지해야 자유로운 인생이 펼쳐진 다. 규칙적인 생활을 해야 저조한 삶에서 벗어나고, 정신을 집중해 야 마음속 혼란함이 제거되며, 자신을 발전시키려는 마음가짐이 있 어야 인생의 변화에 대처할 수 있다.

사교 활동의 실상 :
억지 모임보다는 혼자가 낫다

블로그에 한 네티즌이 질문을 올렸다. "다른 사람들과 잘 안 어울리는 편인데 성격을 바꿔야 할까요?"

누군가 질문에 답을 올렸다. "전혀요. 테트리스 게임을 해봤으면 알잖아요. 무리에 끼면 자신의 존재는 사라져요!"

모임을 가지면 다 함께 즐거울 수도 있지만, 성장을 위해서는 혼자만의 시간이 필요하다. 어쩌면 '어리석은 사람은 무리를 짓고 현명한 사람은 마음을 나눈다.'라는 말이 사교 활동을 가장 잘 표현하는 말이지 않을까? 성인의 사교 활동은 언제나 서로의 차이를 인정하는 척 자신의 이익을 추구하기 마련이다. 그러니 억지로 모임에 참여하는 것보다 혼자가 나을 수도 있다.

예능 프로그램 〈기파설奇葩說〉에도 '사람들과 어울리는 것이 어색한 나, 이대로 괜찮을까요?'라는 주제가 선정이 된 적이 있다. 이에 대해 어떤 패널은 사연자가 다른 사람을 상대하기 어렵게 느껴져서 거리를 두는 것이라며 태도를 적극적으로 바꿔야 한다고 말했다. 다른 패널은 이런 생각 자체가 사람들과 잘 안 어울리는 유형의 사람들을 무시하는 발언이라며 바꿀 필요가 없다고 응했다. 또 다른 패널은 절대 바꾸지 말라고 강조하며 사람들과 어울리지 않는다는 것은 자신이 무엇을 원하는지 정확히 알고 있다는 의미라고 설명했다.

그때 패널 중 한 명이었던 옌루징顔如晶은 이렇게 말했다.

"사람들과 어울리지 않으면 외로워 보이죠. 그런데 어울리기 시작하면 진짜 외로움이 찾아옵니다."

많은 시청자가 이 말에 뜨끔했다. 실제로 혼자가 되는 게 두려워 일부러 사람들과 어울리는 사람들이 상당히 많기 때문이다. 그런데 내면이 강한 사람들은 남들과 어울리지 않는 길을 선택을 한다. 내면의 두려움과 연약함을 이겨내고 정말로 자신에게 필요한 결정을 내릴 줄 알기 때문이다.

성인으로서 자기 마음의 소리를 무시하고 억지로 사람들과 어울리는 것은 진정한 어울림이 아닌 가짜 어울림이다. 이런 가짜 어울림의 함정에 빠지는 것보다는 혼자가 되기를 선택하여 자신에게 더 집중하고, 고요함 속에서 자신을 채워가는 게 훨씬 유익하다.

▌가짜 어울림이 만든 허상의 무리

이제 막 직장 생활을 시작했을 때였다. 항상 내게 인사를 건네던 진영이 그룹채팅방에 나를 초대해 주었다. 그녀는 함께 식사 모임을 자주 갖는 사람들이 모인 방이라고 설명했다. 나는 그녀에게 너무 감사했다. 신입사원인 내가 모임에 초대됐다는 사실은 매우 중요한 의미를 가졌기 때문이었다. 그녀는 곧 나를 첫 번째 식사 모임에 데리고 갔다.

십여 명의 일행이 어느 고깃집의 긴 테이블에 자리를 잡고 앉아 있었다. 이들은 제각각 카드 게임을 하거나, 수다를 떨거나, 이야기 보따리를 풀어놓았다. 당연히 허풍을 떨거나 자랑하기 바쁜 사람도 빠지지 않았다. 그런데 식사가 이어지는 동안에도 사람들은 나와 진심으로 교류하고 싶은 기색이 전혀 없어 보였다. 나는 점점 그 자리가 불편하게 느껴졌다. 형식적인 설명, 기계적인 식사, 본심과 상관없는 대화 주제, 억압된 분위기와 거북하기만 한 토론은 나를 피곤하게 만들었다.

자신의 시간과 에너지를 소모해 가며 무의미한 일을 해야 한다면 그 어울림은 '가짜 어울림'이다. 가짜 어울림은 타인의 인정을 받으려 자신을 억누르거나 힘들게 만들면서도 그들에게 맞춰주는 행위다. 이런 방식이 오래되면 우리는 서서히 진짜 자신을 잃어버리게 된다.

내가 갔었던 그 식사 모임이 바로 시간을 낭비하게 만든 무의미한 가짜 어울림의 자리였다.

겨우 모임이 끝나자 1인당 평균 약 1만 8천 원 이상의 비용이 청구됐다. 채팅방에 속속 올라오는 이체 기록을 보며 또다시 무력감이 느껴졌지만, 나는 조용히 내 몫을 이체했다. 그리고 다시는 이런 모임에 참가하지 않겠노라 속으로 다짐했다. 이 모임을 통해 나는 이런 방식의 모임 활동에 적합한 사람이 아니라는 사실을 확인했다. 그런 내가 억지로 사람들과 계속 어울리려 했다면 아마 적잖은 스트레스를 받았을 것이다. 결국 그 뒤로 진영은 나를 모임에 부르려 갖은 애를 썼지만, 나는 단 한 번도 참석하지 않았다.

동료들과 잘 융화되는 모습을 보이고 싶은 마음에 모임에 가입했지만, 나는 아무런 수확도 얻지 못했다. 오히려 돈과 시간만 낭비하고 대인 관계와 사교 활동에 대한 열정까지 식어버렸다. 그러니 억지로 사람들과 어울리는 것보다는 혼자 있는 시간을 즐기고 부단한 자기 계발을 통해 더 나은 자신을 만들어가는 게 훨씬 중요하다.

▌ 어느 무리든 아랑곳없이
독자적인 삶을 사는 멋진 인생

대학생 때 알고 지낸 여학생이 있었다. 그녀는 사람들과 썩 잘 어울리지 못하는 성격이었다. 동기들이 삼삼오오 무리를 지어 다닐 때도 그녀는 무리에 속하지 않고 항상 혼자 지냈다. 룸메이트들이 화장법을 배우고, 연애를 하고, 수업을 빠질 궁리를 하느라 바쁠 때도 그녀는 묵묵히 책가방을 메고 침실과 식당, 강의실과 도서관만을 오갔다. 동기들이 동아리 모임에 가입할 때도 그녀는 초대받은 동아리를 전부 거절한 다음 도서관에서 자료를 찾아 리포트를 썼다. 다들 이런 그녀가 괴팍하다고 생각했다.

3학년 2학기가 되고 슬슬 논문을 준비할 때가 되자 우리는 대학생활 3년이 황망하게 지나가 버렸다는 사실을 깨달았다. 다들 써지지 않는 논문 때문에 머리를 싸매고, 취직 걱정에 근심할 때 유일하게 그녀만은 대학원 입학을 순조롭게 확정 지었다. 나는 눈앞의 현실이 믿을 수 없었지만, 한편으로는 또 충분히 납득이 되었다. 우리가 혼자 겉돈다며 비웃었던 그녀는 사실 무수히 많은 밤과 새벽을 묵묵히 노력하며 지낸 것이었다. 우리가 모임을 만들고, 그 모임의 사람들과 웃고 떠들 때 그녀는 혼자라는 외로움과 인내의 시간을 택했다. 그렇게 혼자 공부했던 시간이 그녀의 성공을 보장해 준 것이다.

무리에 어울리는 동안 엄청난 시간과 에너지를 소모했음에도 정작 우리에게 남은 것은 아무것도 이루지 못했다는 후회와 슬픔뿐이었다. 만약 우리의 내면이 충분히 강했다면 가짜 어울림에 그렇게 쉽게 휩쓸리지 않았을 텐데 말이다.

그러니 무작정 어울림을 좇다가 자신을 잃어버리지 않도록 내면의 소리를 경청하고, 진정한 자신이 되는 방법을 반드시 배워야 한다. 이를 위해서는 혼자가 되는 방법을 익히고 혼자만의 시간을 활용해 자신을 업그레이드하고, 진심으로 열정을 태울 수 있는 일을 찾아 자신을 더 강하게 연마해야 한다.

내면이 약한 사람들은 항상 무리를 형성하고 그 무리에 빠져든다. 반면 내면이 강한 사람들은 내면의 목소리에 충실하고 독립적인 사고에 능하며 혼자만의 시간을 활용해 자신을 한 단계 발전시킨다.

우리는 종종 외부 세계의 의견이나 평가에 지나치게 신경 쓰느라 어떻게 해서든 무리를 만들고, 억지로 사람들과 어울리며 자신을 잃어간다. 격언을 엮어 놓은 『위로야화圍爐夜話』에 "함부로 친구를 사귀느니 종일 책을 읽는 게 낫다."라는 구절이 있다. 당신이 생각하는 '사람들과 어울리는 행위'는 사실 평범함에 동화되는 것일 뿐이다. 대인 관계를 유지하는 최고의 방법은 자신의 실력을 키우고 향상시키는 것이다. 자신을 발전시키는 데 시간과 에너지를 할애해야 멋지고 여유로운 인생을 살 수 있다.

▌주파수가 맞는 단 한 명의 사람만으로도 충분하다

맹목적으로 무리에 편승하는 것은 가짜 어울림에 자신과 자신의 삶을 희생시키는 행동이다. 그래서 합리적으로 사람들과 어울리는 법을 배우는 것이 중요하다. 새끼 백조를 오리 무리에 넣으면 백조는 못생긴 오리로 전락할 뿐이다. 원래 속한 백조 무리에 가야만 함께 있는 즐거움을 느낄 수 있다. 사람도 마찬가지라 다른 부류의 사람들과 억지로 어울려봐야 불편함만 가중된다.

가짜 어울림에 휩쓸린 사람보다 무리에 어울리지 않아도 자신만의 시간을 알차게 보내는 사람이 대체로 자신의 목표와 필요를 더 명확하게 파악하고 있다. 이들은 어떻게 해야 자신이 원하는 것을 가질 수 있는지 분명하게 알기 때문에 자신에게 집중할 수 있는 혼자만의 시간을 충분히 즐기고 특정 분야를 통해 자신을 자연스럽게 드러낼 줄 안다.

작가 펑지차이馮驥才 선생님은 "평범한 사람들은 시끌벅적함으로 공허함을 채우려 하고, 뛰어난 사람들은 혼자만의 시간 속에 자신을 만들어간다."라고 말씀하셨다. 거짓 어울림을 거부하고 혼자되기를 선택함으로써 내게 집중하는 시간을 가지고 더 나은 자신으로 거듭나보자.

사실 사람들과 억지로 어울릴 필요도, 자신을 포기하고 단체에 맞추어야 할 이유도 없다. 그보다는 혼자가 되는 방법을 완벽히 익혀 에너지를 자기 자신에게 집중하면 훨씬 편안하고 여유로운 삶을 누릴 수 있을 것이다.

혼자가 되는 법을 배우면 또한 더 많은 시간을 사고하는 데 쓸 수 있다. 그 시간 동안 내게 필요한 것이 무엇인지 내면의 목소리를 듣고, 학습과 업무 효율을 높이는 데 활용하면 복잡하고 번거로운 대인 관계에서 벗어나 진정한 정서적 안정감과 내면의 평화를 찾을 수 있다.

위화는 『가랑비 속의 외침』에서 "나는 더 이상 친구가 많은 척 가장하지 않고, 내 고독 속으로 돌아왔다. 진정한 나로서 독자적인 생활을 시작한 것이다. 물론 가끔은 적막함 때문에 견디기 어려운 고통을 겪기도 했다. 그러나 치욕을 대가로 껍데기에 불과한 친구를 얻느니, 이런 식으로라도 내 자존심을 지키는 게 낫다고 생각했다."라는 문장을 남겼다.

거짓 열기와 무리에 얽매이기보다는 혼자만의 고독과 자유로움을 즐기는 게 낫다. 겉치레뿐인 관계는 진정한 즐거움과 위로를 가져다주지 못할 뿐 아니라 내면의 공허함과 무력함만 증폭시키기 때문이다.

그렇다면 사람들이 계속 무리를 형성하는 이유는 무엇일까? 그렇게 많은 사람의 연락처가 저장되어 있음에도 왜 다시 연락하는 사람은 없을까?

그것은 바로 억지 어울림의 본질이 아무런 의미가 없는 질 낮은 사교 활동이기 때문이다.

무의미한 사교 활동을 거부하고 진정한 자신을 되찾아야만 혼자만의 시간을 통해 능력을 키울 수 있고, 능력을 길러야만 나와 주파수가 맞는 사람들을 찾아 더 나은 울타리를 만들 수 있다.

쉬이 도달하기 어려운
'나 자신'이 되는 법

인생을 살다 보면 깊고 어두운 도랑을 피할 수 없을 때가 있다. 이때 자칫 발을 헛디디면 급류에 휩쓸려 자신을 잃어버린다. 어떤 환경이나 상황에서도 자신을 지켜야만 흙과 모래가 뒤섞인 혼탁한 세상에서 밝은 길을 찾고 더 먼 곳까지 안정적으로 갈 수 있다.

▌언행에 심사숙고하라

〈장자·인간세시問世〉 편에 이런 구절이 있다.

"말이란 바람이나 파도 같고, 행동에는 득과 실이 있다言者, 風波也, 行者, 實喪也."

즉, 사람의 말과 행동은 움직이는 바람과 일렁이는 물 같아서 무심결에 던진 한마디가 불필요한 갈등을 초래할 수 있다는 뜻이다.

명明나라의 대학자 서부徐溥는 십 대 때 자신의 언행을 점검하기 위해 탁자 위에 두 개의 병을 올려 두었다. 선한 마음이 생기거나, 선한 말이나 일을 할 때마다 병에 노란 콩을 한 알씩 넣고, 언행에 실수를 범하면 검은콩을 한 알씩 넣기로 했다. 그렇게 시간이 지나자 병 속의 노란 콩은 점점 늘어난 반면, 검은콩은 하나도 보이지 않았다. 그는 관직에 오를 때까지 그 습관을 계속 유지했다. 그는 절제된 언행과 겸손한 행실 그리고 엄격한 자기 규율을 실천했다. 그리고 절대 남 탓을 하지 않았다. 그는 오랜 세월 조정에 몸담으면서도 언제나 신중하게 행동했던 덕에 훌륭한 재상이 되었고, 4대 왕조를 모신 '사조원로四朝元老'라는 영예를 안고 은퇴하여 고향으로 돌아갈 수 있었다.

『논어論語』에 이런 구절이 있다.

"말은 느리게 하되 행동은 민첩해야 한다訥於言而敏於行."

살아가면서 언행에 심사숙고하기를 당부하는 말로, 말은 함부로 하지 말고 행동은 신중하라는 뜻이다. 이렇듯 자신의 언행을 바르게 하는 것은 몸과 마음의 평안을 지킬 수 있는 삶의 지혜다.

내면을 지키는 것이 순수한 자아를 지키는 길

대학 동기 한 명이 친구들의 사진을 보고 있으면 가슴이 울렁거리는 걸 주체할 수 없다며 그룹채팅방에 고백했다. 그녀의 친구들은 몰디브에서 다이빙하는 사진, 파타야에서 패러글라이딩하는 사진, 자녀의 대학 입학통지서를 자랑하는 사진, 호화주택에 살면서 외제차를 모는 사진을 올린다고 한다. 반면 그녀는 단칸방에 살면서 머리에 얼음물을 올린 채 선풍기를 틀고, 도시락을 먹다가 고깃덩이를 한 조각이라도 발견하면 좋아하는 처지였다. 매일 이런 비교를 하고 있자니 그녀는 마음이 힘들고 불안했다. '왜 다른 사람들은 돈도 있고 시간도 있는데 자기만 이렇게 궁상맞게 살아야 할까?'라는 생각이 머릿속을 떠나지 않았다. 그녀는 시간이 날 때마다 어떻게 해야 벼락부자가 될 수 있을지 궁리했다. 일에 대한 의욕이 사라진 지도 오래라 근무시간이 되면 상사도 눈에 거슬리고 동료도 성가시게만 느껴졌다.

사람의 마음에는 경계가 없어서 그곳에서 태어난 욕망을 제한하지 않으면 끝이 없는 동굴처럼 커진다. 만약 이런 상태의 당신이라면 돈을 얼마를 벌든 부족하게만 느껴질 것이다.

독일 철학자 요한 볼프강 폰 괴테Johann Wolfgang von Goethe는 "우리 모두는 자신이 개척한 길을 따라야 하며, 소문에 놀라거나 타인의 생각에 억압받지 말아야 한다."라고 말했다. 자신의 내면을 지키는 것이 곧 순수한 자아의 가치를 지키는 길이라는 점을 명심하자.

▎자신만의 리듬과 박자에 맞춰 춤을 춰라

춤에 열정을 가진 윈난雲南성 소수민족 바이족白族의 한 젊은 아가씨는 어려서부터 시골 들판에서 잠자리와 나비를 관찰하고 그들의 관절 움직임을 모방하면서 춤 동작을 연습했다. 그녀는 자신의 노력과 재능을 통해 시골 마을에서 일거에 중앙민족가무단中央民族歌舞團이라는 무용단에 발탁되었다. 그 후 그녀는 자신이 창작한 '공작무孔雀舞'로 전국 무도대회에서 우승을 차지하고, CCTV의 신년 프로그램 〈춘제 완후이春節晚會〉에 일곱 차례나 출연했다. 나아가 외국으로 진출해 평범한 무용수에서 '춤의 신'으로 등극하며 사람들에게 신화로 기억되었다. 그녀는 바로 유명한 안무가 양리핑楊麗萍이다.

하루는 그녀가 SNS에 훠궈火鍋, 중국식 샤부샤부를 먹는 일상적인 영상을 올렸다. 그러자 한 네티즌이 "여자로서 가장 큰 실패는 자식을 안 낳는 것이다."라는 댓글을 남기는 바람에 큰 파장이 일었고, 그녀는 순식간에 논란의 중심이 되었다.

누군가의 비웃음에도 그녀는 초연하게 말했다.

"생명이란 누군가에게는 대를 잇기 위한 것이고, 누군가에게는 즐거움이고, 누군가에게는 체험이며, 누군가에게는 방관일 수 있다. 나는 생명의 방관자에 속한다. 세상에 태어나서 나무가 어떻게 성장하고, 강물은 어떻게 흐르며, 흰 구름이 어떻게 흘러가고 이슬이 어떻게 맺히는지를 나는 보아왔다."

삶의 방식은 다양해서 누군가는 3분 라면을 먹지만 누군가는 3시간 동안 국을 끓인다. 누군가는 보리를 심고 누군가는 장미를 키운다. 또 누군가는 20살에 결혼해 엉망인 삶을 살고 누군가는 30살에 싱글이지만 많은 이들이 바라는 삶을 영위한다.

"뉴욕의 시간은 캘리포니아보다 3시간 빠르지만, 캘리포니아의 시간이 느린 것은 결코 아니다."라는 시가 있다. 작가 저우궈핑은 시를 사랑하고 수많은 명작을 줄줄 외우는 한 친구와 이런 대화를 나눈 적이 있다. "괴테가 있고 보들레르Baudelaire 프랑스 시인이 있는데 우리가 무슨 시를 쓴다는 건가!" 친구가 탄식하듯 말하자 저우궈핑이 반론했다.

"괴테가 있었고 보들레르도 있었지만, 나는 하나뿐이지 않은가. 괴테와 보들레르도 나를 대체할 수는 없다네. 그러니 나는 계속 시를 쓸 걸세."

타인의 생각대로 사는 삶이나 타인을 따라 사는 삶은 자기 인생에 대한 최악의 실례다. 우리는 모두 내면의 목소리를 따라 유일무이

한 자신으로 살아야만 한다.

자신의 리듬을 지키는 것은 곧 여유롭고 흔들림 없는 인생을 지키는 방법이다.

『중심中心』이라는 시집에 이런 구절이 있다.

"당신의 외딴 중심을 지켜라.
천지가 흔들리고 무너져도 중심을 옮기지 말라.
남들이 당신을 무시한다면, 그건 당신이 오래 버티지 못했기 때문이다.
한 해 한 해 꼼짝없이 자리를 지켜라.
그러면 마침내 발견할 것이다.
이 세계가 당신을 중심으로 돌고 있다는 것을."

마음이 요동치지 않으면 어떤 일을 겪어도 흔들림이 없다. 인생의 파고도, 운명의 기복도 우리 스스로 조절할 힘은 없다. 다만, 어떤 마음가짐으로 이를 마주할지는 선택할 수 있다. 바라건대, 나와 여러분 모두 자신을 지킬 수 있기를, 말과 행동을 신중하게 선택하고 당황하지 않고 차분하게 자아를 유지하며 깨어있는 인생을 살기 바란다.

모든 승부는
마음의 강약에 달려 있다

　사람들이 일이 잘 안 풀린다고 할 때, 그 원인을 따져보면 대개 방법의 문제가 아니라 부정적인 감정 때문인 경우가 많다. 두려움, 달가워하지 않는 마음, 분노…. 그러니 내면이 안정되어야 자존감과 자신감이 생기고 여유로운 태도로 인생을 대할 수 있다.

　안정된 내면을 가지고 싶다면 '감정 소모 차단하기, 기대치 줄이기, 자신을 굳건히 하기, 명확한 목표 세우기'와 같은 네 가지 방법을 시도해 볼 수 있다.

　내적으로 안정된 사람이 되면 눈앞에 몰아치는 비바람도 두려워하지 않게 되며, 세상은 당신에게 더 온화한 태도를 보여줄 것이다.

감정 소모 차단하기

작가 겸 미식가로 알려진 차이란蔡瀾은 살면서 우리가 하는 걱정의 대부분은 생각이 많아지면서 감정 소모량이 함께 증가하는 데서 비롯한다고 말했다.

혹시 직장에서나 일상생활 속에서 이런 상황을 자주 겪지 않는가? 어떤 일이 닥쳤을 때 온갖 생각이 떠오르면서 급격히 불안해지고, 발생 가능한 최악의 상황들을 끝도 없이 상상하다가 퇴근할 때쯤엔 이미 진이 다 빠져버린 경험 말이다.

〈밤하늘 아래서 하는 대화星空下的對話〉라는 프로그램에서 현대인들은 감정 소모 때문에 더 쉽게 걱정하는 경향이 있다고 언급했다. 이에 대해 중국 포털사이트 소후搜狐의 장차오양張朝陽 회장은 "걱정이라는 감정을 대함에 있어 조급하게 없애려 애쓸 필요 없다. 그저 해야 할 일을 하면 된다"라는 현명한 조언을 해주었다.

한 네티즌이 자신의 일화를 인터넷에 올렸다. 과거의 그는 급여가 낮아도 집에서 가까운 곳에 직장을 잡고 안일한 생활을 하며 지냈다. 그러던 어느 날 자기 경력이 아무런 경쟁력이 없다는 사실을 자각했고, 순간적으로 실업의 공포가 빠르게 그를 엄습해 왔다. 그 뒤로 오랜 시간 동안 그는 끊임없이 자신을 의심하고 자기 능력을 폄훼하며 점점 더 깊은 감정 소모의 늪으로 빠져들었다. 그로부터 얼마 뒤, 친구의 위로를 받은 그는 생각을 고쳐먹기로 마음먹었다.

계속 고민만 해봐야 아무런 도움도 되지 않았기 때문이다. 그는 행동하고 노력하는 것만이 유일한 해결법이라고 판단했다. 재취업이 불투명한 상황임에도 그는 부담감을 이겨내고 퇴사를 결정했다. 그리고 타사로 취업에 성공한 그는 교육 강사직으로 배정을 받았다. 그는 낮에는 최선을 다해 교육 업무를 진행하고, 밤이 되면 수업 내용을 복기하고 분석했다. 감정 소모라는 굴레를 벗어나 과감하게 행동으로 옮긴 그는 입사 3개월 만에 신입사원 최고 성과상을 받았다.

중국 관영 신문사 〈런민르바오人民日報〉에 감정 소모에 관해 이런 글이 게재되었다.

"조금 용감해져도 괜찮다. 자신을 가두는 감옥을 과감히 부수고 불가능하다고 여기는 것들을 깨트리자. 생각이 많으면 에너지와 동기가 사라져 행동으로 옮기기에 점점 두려워진다."

이처럼 감정 소모를 중단하고 대담하게 행동해야 걱정이 줄고 인생이 순조로워진다는 사실을 명심하자.

| 기대치 줄이기

미국의 심리학자 토마스 길로비치Thomas Gilovich가 이런 실험을 진행한 적이 있다. 대학생들에게 유명 가수가 인쇄된 티셔츠를 입힌 뒤 학생들이 가득 찬 강의실에 보낸 것이다. 그들은 팬심이 잔뜩 드러난 티셔츠를 입고 등장하면 다른 학생들의 시선이 집중될 것이라고 예상했다. 하지만 실험 결과는 뜻밖에도 25%의 학생만이 관심을 보이는 데 그쳤다.

사람들은 기대치가 높을수록 더 큰 스트레스와 더 큰 실망감을 느끼기 마련이다. 그래서 기대치가 지나치게 높으면 사람과 사람, 일과 일 사이의 조화로운 균형이 유지되기 어렵다.

모든 것을 원할수록 아무것도 얻을 수 없고, 심할 경우 갈구하면 할수록 얻는 것은 더욱 처참히 사라지는 인생의 악순환에 빠질 수 있다. 그래서 똑똑한 사람들은 모든 일에 최선을 다하고 평소와 같은 마음으로 결과를 맞이한다. 기대치를 낮추면 실망할 일이 줄어들어 삶이 오히려 평안해지기 때문이다.

▌자신을 굳건히 하기

프랑스 현대 나이브 아트 화가 세라핀Seraphine은 대중에게 '괴짜 화가'로 여겨졌다. 그녀는 낮에는 품을 팔아 쥐꼬리만 한 월급을 받고, 밤에는 어두컴컴한 촛불 밑에서 굶주린 사람처럼 바닥에 엎드려 그림을 그렸다. 그런 그녀의 행동을 이해하지 못한 다른 여직원들은 돈을 모아 염료를 사느니 땔감을 사서 따뜻하게 지내는 게 훨씬 낫겠다며 그녀를 비웃었다.

　그렇지만 세라핀은 주변 사람들이 하는 말은 조금도 신경 쓰지 않았다. 그녀는 40년간 묵묵히 자신만의 삶을 살았다. 그러던 어느 날, 드디어 운명이 그녀를 바라보았다. 당시 파리에서 활동 중이던 미술 평론가 빌헬름 우데Wilhelm Uhde는 그녀만의 독보적인 재능과 독창적인 화법에 크게 감명받았다. 그는 곧바로 그녀에게 미술 공부를 지원해 주고, 그녀의 개인 전시회도 개최해 주겠노라 장담했다. 그가 인정해 준 덕분에 그녀는 자신감을 되찾고 큰 위안을 얻었다. 그리고 파리 전시회라는 꿈을 이루기 위해 창작활동에 더 몰두했다.

　그런데 운명의 장난인지 전쟁이 발발했고 세라핀의 꿈도 전쟁과 함께 산산조각이 나고 말았다. 전란과 빈곤이 뒤덮은 보금자리를 바라보며 사람들은 망연자실했다. 그럼에도 세라핀은 그림에 대한 열정을 놓지 않았다. 그녀는 매일 한 끼만 먹으면서 악착같이 돈을 모아 그림을 그렸다.

　십여 년 후, 우데와 세라핀이 우연히 다시 마주쳤다. 그는 세라핀이 그림을 포기하지 않은 것은 물론 더 뛰어난 작품을 그려냈다는 사실에 크게 놀랐다. 그 후 우데의 지원에 힘입은 세라핀의 작품은 호평을 얻으며 빠르게 인정받았고, 그녀 역시 예술가로서 역사에 이름을 남기게 되었다.

　명나라 말기 홍자성洪自誠이 작성한 『채근담菜根譚』에 "밖에 보이는 것에 현혹되지 말고 자신을 지키라不爲外相所惑, 保持自我."라는 구절이 있다. 이는 살면서 어떤 외부의 유혹과 도전에 직면하더라도 자신을 지켜야 한다는 뜻이다. 사람들은 자신감이 부족하다는 이유로 다른 사람들의 의견을 듣지만, 이런 행동이 오히려 주저하게 만들 때가 많다.

〈런민르바오〉에 "각기 다른 선택들이 당신의 삶에 각기 다른 생활을 선사한다. 당신이 정말 원하는 것을 인정하고 그것을 위해 노력하면 누구나 자기 인생의 승자가 될 수 있다."라는 글이 실렸었다. 그러니 타인의 생각에 얽매이지 말고 자신의 운명은 자신이 주관해야 한다. 내면에서 갈망하는 것을 인정하고 그것을 위해 노력하고 분투해야 당신이 원하는 이상적인 세계에 다다를 수 있다.

▌명확한 목표 세우기

명나라 유학자 왕양명王陽明은 "뜻을 세우지 않으면 하늘 아래 이룰 수 있는 일이 없고志不立, 天下無可成之事, 아무리 많은 재능도 뜻 위에 세워지지 않은 것이 없다雖百工技藝, 未有不本御志者."라고 했다. 의지가 없으면 아무 일도 하지 못하고, 수백, 수천 가지 기술이 있어도 목표를 세우지 않으면 아무것도 이루지 못한다는 뜻이다.

성공하고 싶다면 명확한 목표를 세워야만 노력의 방향성과 필요한 동기를 확립할 수 있다.

청년 작가 장밍張鳴이 아직 초등학생이던 시절, 중국이 올림픽 개최에 성공했다. 이에 자극을 받은 그녀는 학급 회의에서 올림픽 자원봉사자가 되고 싶다고 발표했다. 선생님은 평소 게임에 빠져 성적이 형편없던 그녀에겐 자격이 없다며 비웃었고, 사이좋게 지내던 친구들도 불신의 눈길을 보냈다. 비아냥과 조롱 그리고 비웃음을 당한 그녀는 정신이 번쩍 들었다. 그동안의 어리석은 생활을 그만두고 무조건 올림픽 자원봉사자 지원에 합격하겠다는 맹세를 한 그녀는 실현 불가능해 보이는 이 목표를 위해 상상을 초월하는 노력을 기울였다.

평소에는 새벽 두 시까지 공부하고, 대입 시험 직전에는 하루에 20시간씩 공부했다. 그리고 마침내 명문대로 전국에 명성이 자자한 저장浙江대에 당당히 합격했다. 하지만 올림픽 자원봉사자는 베이징北京에서 공부하는 대학생들을 대상으로 선발한다는 소식에 그녀는 누구도 이해하지 못한 선택, 바로 퇴학을 결심했다. 그녀는 이과를 포기하고 문과를 선택해 베이징 사범대에 합격했다.

대학교 재학 시절에는 유명 모델 회사로부터 계약 제안을 받기도 했으나 그녀는 일말의 망설임도 없이 제안을 거절했다. 이런 집착과 열정에 힘입은 장밍은 올림픽 자원봉사자 중에서도 탁월한 실력을 뽐냈고, 대학생 대표 중 유일하게 올림픽 성화 봉송 주자로 선발되었다.

영화 〈은하 보습반銀河補習班〉에 이런 대사가 나온다.

"인생이 화살이라면 꿈은 과녁이나 마찬가지야. 그런데 과녁
도 제대로 못 찾으면서 매일 활시위를 당겨봐야 무슨 의미가
있겠어?"

흘러가는 대로 몸을 맡기는 게 익숙해져 버린 우리는 공부를 해도
재미가 없고, 일을 해도 동기부여가 되지 않는 경우가 많이 있다. 이
런 시간이 오래 지속될수록 인생은 우리가 손에 쥐기 어려울 만큼
멀어지고 만다.

노력하는 과정이 아무리 힘들고 고달프더라도 인생을 위한 목표
를 세울 줄 알아야 꿈을 실현하고자 했던 처음의 용기와 패기를 바탕
으로 용감하게 전진할 수 있다. 마음이 강하면 반드시 이기고, 마음
이 약해지면 반드시 패한다. 앞서 설명한 네 가지 방법이 유약한 당
신을 강하게, 에너지와 자신감이 가득한 당신으로 만들어 줄 것이다.

인생은 고정된 궤적이 없다. 그래서 내면이 안정되어야 즐거울
때도 교만하거나 자만하지 않고 실의에 찰 때도 의지를 잃지 않을
수 있다.

복잡한 인생의 방정식을 풀 수 있는 건
오직 빼기

'빼기 사유'를 언급하자면 스티브 잡스^{Steve Jobs}를 논하지 않을 수 없다. 그가 남긴 명언 "Less is more"가 지금까지도 전 세계인들에게 찬사를 받고 있기 때문이다.

잡스는 엄격한 채식주의자로 종종 오랜 기간 한두 가지의 음식만을 섭취했다. 그의 딸 리사^{Lisa}는 그의 식습관에 대해 "아버지는 사람들 대부분이 모르는 걸 알고 있다. 바로 사물이 극에 달하면 반드시 반전된다는 물극필반^{物極必反}의 법칙이다. 그는 부족함이 곧 풍요로움이고 자유로워야 즐거움이 생긴다는 사실을 굳게 믿고 있다."라고 평했다.

일상을 살아가는 사람들 대부분은 많이 가져야 행복해진다고 생각하지만, 사실 가진 것을 내려놓아야 행복하다는 사실을 인식하지 못한다. 인생의 행복을 결정하는 것은 무엇을 가졌느냐가 아니라

'무엇을 내려놓았는가'에 달려있다. 그래서 빼기 인생을 배우는 것은 온몸과 온 마음을 다해 인생을 체험하는 삶의 방식을 배우는 것이나 마찬가지다.

▎물욕 빼기

사람은 한정적인 에너지를 가졌기 때문에 모든 것에 신경을 쓰고 모든 일에 전력을 다하기는 어렵다. 물욕을 통제하지 못하는 사람은 욕망에 자신을 내어주고 꼭두각시 인형처럼 이리저리 끌려다닌다. 많은 이들이 적은 기회 때문이 아니라 오히려 너무 많은 기회 때문에 실패를 겪는다.

한참 재미있게 본 드라마 〈재벌집 막내아들〉에 이런 대사가 나온다.

"사람의 이성은 언제나 손안의 만족감을 보라 하지만, 욕망은 언제나 놓쳐 버린 상실감의 편이다."

욕망은 잠시 찬란하게 반짝이는 불꽃처럼 순식간에 사라지고, 만족은 바람에 노래하며 깊이 흐르는 잔잔한 물과 같다. 인생에 수없이 펼쳐지는 유혹의 순간들은 끝이 보이지 않는 블랙홀처럼 우리를 집어삼킨다.

물질에 대한 헛된 욕심을 줄이는 것은 곧 자신을 올바르게 대한다는 뜻이다. 물욕을 잘 관리해야 자신이 바라는 삶에 더 가까워질 수 있기 때문이다.

▌대인 관계 빼기

'집에서는 부모에게 의지하고, 밖에서는 친구에게 의지한다.'라는 구절을 인생 최고의 척도로 삼는 이들이 꽤 많이 있다.

젊은 시절, 사람들은 대규모 모임에 참석하여 잘 모르는 사람들과 술잔을 기울이는 것을 자신의 활로라고 여기며 '친구 사귀기'에 열중한다. 하지만 친구가 많아질수록 진정한 의미의 '친구'라는 두 글자에 어울리는 사람은 몇 명이 채 되지 않는다는 사실을 깨닫게 된다.

작가 쑤천蘇岑은 이렇게 말했다.

"당신의 삶에 너무 많은 사람을 초대할 필요는 없다. 그들이 마음에 들지 않으면 당신의 삶은 혼란스러워질 뿐이다."

빼기의 본질은 선택에 있다. 회식을 선택하면 진심을 나눌 기회가 사라지고, 술친구를 선택하면 인생의 지기知己를 포기하는 것이다.

중요하지 않은 사람을 응대하기 위해 시간을 낭비하는 것보다 깊이 사귈만한 사람에게 에너지를 쏟는 것이 인생에서는 훨씬 중요하다.

'핸드폰 연락처에서 자주 연락하는 사람은 몇 명인가요?'라는 사회적 실험을 진행한 필름을 본 적이 있다. 감독은 우선 핸드폰에 천 명 이상의 연락처가 저장된 사람을 실험 대상으로 선정했다. 그리고 한 번도 만난 적 없거나 업무 때문에 어쩔 수 없이 연락하는 사람들을 모두 삭제하라고 요구했다. 목록을 삭제한 결과 실험자들은 통화기록에 겨우 2~3명의 이름만 남았다는 사실에 깜짝 놀라고 말았다.

심리학 이론 중에 대인 관계에 관한 뇌의 용량이 제한적이기 때문에 안정적인 관계는 최대 148명까지 맺을 수 있고, 그중 깊은 교제를 나눌 수 있는 사람은 20명 정도밖에 되지 않는다는 이론이 있다.

친구를 많이 사귄다고 반드시 길이 많아지는 것은 아니다. 도움이 절실할 때 '출구'라고 여기던 곳이 오히려 막다른 골목이 될 수 있기 때문이다. 그래서 현명한 사람들은 인맥 쌓기에 시간을 낭비하지 않는다. 그들은 나에게 맞는 사람을 선택하는 법을 알기 때문이다.

인생은 소중하고, 모든 이들이 깊이 사귀어야 할 만큼 중요하지도 않다. 그렇기 때문에 대인 관계에서의 빼기는 반드시 배워야 할 인생의 필수 과목이라 할 수 있다.

감정적 빼기

중화민국의 유명 인사 두웨성杜月笙은 "일류는 능력이 있되 화내지 않는 사람, 이류는 능력도 있고 화도 잘 내는 사람, 삼류는 능력도 없으면서 화만 내는 사람."이라고 했다. 어리석은 사람은 격해진 감정을 쉽게 드러내지만 현명한 사람은 자기감정을 통제할 줄 안다.

감정을 통제하지 못하는 사람은 감정의 늪에 빠져 쉽게 헤어 나오지 못한다. 그런 사람은 능력이 아닌 감정이 인생의 발전을 저해하는 경우가 많다.

춘추 시대 말기, 오吳나라 공격에 실패한 월왕越王 구천勾踐이 오나라의 노예로 잡혀 왔다. 노예로 전락한 구천은 옷과 신발이 없어 매일 작은 천으로 하반신만 겨우 가리고 다닐 정도로 꼴이 엉망진창이 되었다.

그는 평소 오왕吳王 부차夫差의 말을 먹이고, 오왕이 말을 타기 쉽도록 무릎을 꿇어주었고, 오왕이 출타하면 그의 말을 끌었다. 치욕스러운 생활이었지만 구천은 하늘도, 사람도 원망하지 않았다. 대신 온순하게 복종하는 척하며 암암리에 복수의 대업을 계획했다. 10년간의 와신상담 끝에 그는 다시 군을 일으키고 일거에 오나라를 멸망시켰다.

나폴레옹Napoleon은 "자신의 감정을 통제하는 사람이 성을 함락시킬 수 있는 장군보다 위대하다."라고 했다. 평범한 사람들은 감정으로 실의를 달래지만, 뛰어난 사람은 절제를 통해 자신의 성취를 끌어낸다.

심리학의 유명한 법칙 중에 '페스팅거의 법칙'이라는 개념이 있다. 이에 따르면 인생에 발생하는 일 중에 10%만이 실제 일어난 일로 구성되고, 나머지 90%는 이 일들에 대한 사람들의 반응으로 결정된다는 이론이다. 사람으로서 감정을 가지는 것은 자연스러운 일이지만 감정의 노예가 되어서는 안 된다. 인생을 사는 누구에게나 골머리 아픈 일들이 생기지만 그것이 감정을 표출하는 핑계가 되어서도 안 된다. 자신의 감정을 정리하고 적극적으로 대응해야 삶의 주도권을 잡을 수 있다. 인생의 좌절이 찾아왔을 때, 감정을 통제하는 법을 배우고 어둡고 고통스러운 시간을 벗어나기 위해 노력함으로써 자신만의 빛나는 태양으로 살아가기를 바란다.

▎인생을 통달한 이들의 '빼기' 사고방식

번뇌에 빠진 한 젊은이가 스님을 찾아 가르침을 청했다. 그는 스님과 온종일 대화를 나눴지만, 대화는 끝날 줄을 몰랐고, 스님은 그에게 두 손으로 종이 한 장을 들고 불상 앞에 엎드리게 했다. 그는 꼼짝도 하지 않고 자세를 유지했다. 처음에는 괜찮았지만 얼마 지나지 않아 종이가 점점 무겁게 느껴지기 시작했다.

스님이 돌아오더니 물었다. "그 종이가 무겁습니까?" 그가 답했다. "네. 너무 무겁습니다. 더는 못 버틸 것 같습니다." 스님이 다시 물었다. "못 버틸 것 같은데 왜 내려놓지 않습니까? 내려놓는 법을 배우면 훨씬 수월할 텐데요?"

그렇다. 우리의 인생을 찾아오는 수많은 고통과 번뇌의 원인은 차마 내려놓지 못하기 때문이다. 린위탕 선생님께서 "삶의 지혜는 중요하지 않은 것을 조금씩 치우고 비워내어 가장 중요한 것을 남기는 데에 있다."라고 말씀하신 것처럼, 따지고 보면 우리의 삶에 꼭 필요한 물건은 생각보다 많지 않고, 정말 가치 있는 것들도 얼마 되지 않는다.

인생의 기본은 언제나 번잡함이 아니라 단순함에 있다. 불필요한 것을 버리고, 무의미한 사교 활동을 내려놓으며, 좌절했을 때는 엉망이 된 감정을 잘 추스를 줄 알아야 인생에서 쓸모없는 부분을 치우고 단순한 삶을 살 수 있다.

드러냄을 멈추고
감추는 법을 배워라

당나라 서예가 서호徐浩는 『논서論書』에 "붓을 들 때의 핵심은 모름지기 날카로움을 감추는 데 있다. 날카로움을 감추지 못하면 글자에 병이 든다."라는 말을 남겼다. 우리의 인생도 글자와 마찬가지다.

지금처럼 기묘하고 혼란스러운 시대에 모든 일에 승부욕을 발휘하여 경쟁적으로 임하고, 문제가 생겼을 때 제대로 처리하지 못하면 결국 고생하는 사람은 자기 자신이다.

그런 의미에서 날을 감추고, 노여움을 숨기고, 말을 삼킬 줄 아는 것이 인품의 최고 경지일 것이다.

날을 감추고 자세를 낮춰야 위기를 면한다

옛말에 이르길 "숲속 나무가 빼어나면 바람이 치고 지나고, 강가에 모래가 쌓이면 물살이 거세어지며, 사람이 고고한 척하면 뭇사람이 그를 비난할 것이며, 선봉이 멀지 않다면 차가 뒤집혀도 계속 궤도를 따른다."라고 했다.

자신을 과시하고 잘난 척하는 사람들은 남을 불편하게 만들 뿐만 아니라 문제의 화근이 되기도 한다. 대표적인 인물로 삼국시대의 양수楊修를 꼽을 수 있다.

양수는 총기와 재주를 타고나 어릴 때부터 될성부른 나무로 여겨졌다. 하지만 재능을 과신하고 자기주장만 내세우며 자신을 낮추는 법을 몰랐던 그는 결국 자신의 똑똑함을 믿다가 목숨을 잃고 말았다.

어느 날 조조曹操가 장인들에게 화원을 만들라는 명을 내렸다. 얼마 후 완성된 화원을 조용히 돌아본 조조는 입구에 '활活'이라는 한 글자만을 적어놓고 돌아갔다. 장인은 영문을 몰라 양수에게 해석을 부탁했다. 이를 전해 들은 양수가 웃으며 말했다. "문門'에 '활活'을 더해 '넓을 활闊' 자를 만드셨으니, 그대들이 문을 너무 크게 만들어 승상께서 불만족스러웠다는 뜻이오." 장인들은 크게 당황했다. 그 후 조조가 다시 화원을 방문했을 때 문은 작아져 있었다. 조조가 의아한 표정을 짓자, 장인들은 그간의 일을 들려주었다. 조조는 괜찮다고 말하면서도 내심 불쾌감을 느꼈다.

또 한 번은 조조가 한중漢中으로 출병하여 유비劉備를 공격했지만 되려 포위당하는 진퇴양난의 상황에 빠졌을 때였다. 조조는 불안에 잠을 잘 수도, 음식을 삼킬 수도 없었다. 그러던 어느 날 요리사가 조조에게 닭으로 만든 탕을 올렸다. 마침 하후돈夏侯惇이 들어와 야간 군호를 물었고, 닭을 먹고 있던 조조는 무심결에 '계륵鷄肋(닭의 갈비)'이라고 답했다. 막사를 나서 진영으로 돌아가던 하후돈은 양수가 보이자, 그에게 야간 군호를 전했다. 이를 들은 양수가 말했다. "회군할 것 같으니 서둘러 병사들에게 짐을 꾸리라 이르시오." 하후돈이 까닭을 물었다. 그러자 양수가 이렇게 설명했다. "계륵은 맛이 없으나 막상 버리기는 아까운 음식이지요. 공격한들 이길 수 없고, 퇴각하자니 비웃음을 당할까 걱정하는 승상의 마음과 같죠. 여기서 시간을 더 지체해 봐야 아무 의미가 없으니 며칠 내로 승상께서 군사들에게 회군을 명하실 겁니다. 그때 당황하지 마시라는 차원에서 미리 짐을 싸라고 알려드리는 거고요."

얼마 후 영채를 시찰하던 조조는 직위 고하를 막론하고 모두 황급히 짐을 꾸리는 모습을 발견했다. 어떻게 된 영문인지 알아본 조조는 또다시 양수가 잘난 척을 했다고 생각했다. 결국 조조는 양수를 체포하고 군심軍心을 어지럽혔다는 죄명으로 그를 참살했다.

양수의 일화를 들으면 린위탕의 "지혜가 극치에 이르면, 오히려 지혜의 해악을 깨닫고, 어리석고 서투른 척하면 자신을 지킨다."라는 구절이 가슴에 크게 와닿는다.

정말 지혜로운 사람은 아무 데서나 자신을 과시하지 않고, 오히려 자신을 낮추고 감출 줄 안다. 중국 무협 소설의 대가 진융金庸, 김용의 소설에 나오는 소지승掃地僧이 아주 평범한 겉모습을 하고 있지만 실제로는 내공이 심후한 무림 고수인 것과 비슷한 경우다.

인생을 사는 동안 날을 드러내지 않으면 일이 순조롭게 풀리지만, 날을 드러내면 한 걸음도 나아가기 힘들어진다는 점을 반드시 이해해야 한다.

인품의 최고 경지는 능력이 있되 겸손하고, 자신의 재능을 과신하거나 자만하지 않는 것으로, 이런 경지에 올라야 당신의 인생이 막힘없이 순조롭게 흘러갈 수 있다.

▌화를 삭이고 감정의 노예가 되지 말라

중국 성현들의 명언을 모은 『중화성현경中華聖賢經』에 "조급함에는 실수가 있고, 분노에는 지혜가 없다急則有失, 怒中無智."라는 구절이 있다. 현명한 사람들은 감정적으로 사고하는 대신 직면한 문제에 대해 조급함을 내려놓고 차분히 생각을 정리한다.

미국 남북전쟁 때 있었던 일화다. 어느 날 화가 난 에드윈 스탠턴 Edwin Stanton 육군 장관이 씩씩대며 에이브러햄 링컨Abraham Lincoln 대통령에게 보고를 드리러 왔다.

"어떤 소장 녀석이 모욕적인 말로 날 비난하더군요. 내가 편애를 한다나요!" 링컨 대통령은 전후 맥락을 파악한 다음 스탠턴 장관에게 그 소장에게 가혹할 정도의 표현을 편지로 써 혼쭐을 내주라는 제안을 했다. 스탠턴은 즉시 냉엄한 말투로 편지를 쓰고 링컨에게 보여주었다.

편지를 읽어본 링컨은 파안대소하며 그를 칭찬했다. "그래, 이거죠! 내가 원한 게 바로 이런 거였어요. 제대로 혼쭐을 내줘야죠!" 스탠턴이 편지를 접어 봉투에 넣으려 하자 뜻밖에도 링컨이 그를 막아서더니 물었다. "지금 뭐 하는 거요?" 스탠턴이 답했다. "편지를 보내야죠."

링컨이 큰 소리로 말했다. "이 편지는 보낼 수 없으니 허튼짓 말고 얼른 화로에 던져버리시오. 난 화가 났을 때 쓴 편지를 전부 이렇게 처리하오. 편지를 쓸 때 이미 화가 다 풀렸을 텐데, 어떻소? 기분이 한결 나아지지 않았소? 그렇다면 이제 이 편지는 태워버리고 편지를 다시 한번 써보시오."

만약 스탠턴이 그대로 편지를 보냈다면 어떤 결과가 펼쳐졌을까? 두 사람 사이에 큰 장벽이 생기고 군사력에까지 영향을 미칠 수도 있었을 것이다. 즉, 득보다 실이 큰 상황이 벌어졌을 수도 있다.

『성경』의 〈잠언서〉에 이런 구절 있다. "어리석은 자는 자기의 노를 다 드러내어도 지혜로운 자는 그것을 억제하느니라." 어리석은 사람은 문제에 부딪혔을 때 감정적인 말만 할 줄 알지만, 지혜로운 사람은 자신의 감정을 먼저 다스린 다음 문제를 해결한다는 뜻이다.

사람은 흥분하거나 분노하면 EQ가 0이 된다고 한다. 그래서 감정이 통제 불가 상황일 때 내리는 대부분의 선택은 잘못된 경우가 많다.

우리는 성인聖人이 아니기 때문에 감정을 통제하지 못할 때도 있지만, 현명한 사람들은 어떤 일이 닥쳐도 화를 숨기고 감정을 먼저 통제할 줄 안다.

일을 처리할 때 사람이 할 수 있는 최고의 경지는 자신의 화를 삼켜 감정의 노예가 되지 않은 상태로 냉정하게 생각하는 것이다. 그래야만 올바른 판단을 내리고 일을 제대로 처리할 수 있기 때문이다.

▌말은 삼키고 무의미한 논쟁은 피하라

링컨 대통령은 "무언가를 하려고 결심한 사람은 쓸데없는 논쟁에 시간을 낭비하지 않는다."라는 울림을 주는 말을 남겼다.

인생을 살다 보면 막무가내 논리를 펼치거나 나와 의견이 맞지 않는 사람을 피하기 어려울 때가 있다. 그럴 때마다 논쟁하느라 얼굴을 붉히며 시간을 낭비하는 것보다는 논쟁을 피하고 훨씬 가치 있는 일을 하는 편이 낫다.

데일 카네기Dale Carnegie가 친구의 연회에 참석했을 때의 일이다. 사람들이 테이블에 앉아 대화를 나누고 있었다. 그때 한 귀빈이 『성경』에 나온 구절이라며 확신에 찬 태도로 한마디를 던졌다. 그러자 옆에 앉아 있던 카네기는 그 구절이 셰익스피어의 작품에서 유래한 것이라고 시정해 주었다. 귀빈은 체면이 깎였다는 생각에 부끄럽고 화가 난 상태로 카네기와 계속해서 논쟁을 벌였다. 결국 카네기가 옆에 있던 친구에게 고개를 돌려 출처를 물었다. 친구는 귀빈을 슬쩍 본 다음 "그 구절은 『성경』에 나온 게 맞네."라고 답했다. 그 말을 들은 귀빈은 한껏 득의양양한 표정을 지어 보였다.

연회가 끝난 직후 카네기가 친구에게 볼멘소리를 했다. "분명 그 자가 잘못 알고 있는 건데, 왜 내가 틀렸다고 그랬는가?" 친구가 차분하게 답했다. "우선 사람들 앞에서 상대방을 난처하게 했으니 그건 예의에 어긋난 행동이었기 때문이고, 그다음은 모든 사람이 자네처럼 박학다식하진 않기 때문이었다네." 카네기는 그제야 큰 깨달음을 얻고 훗날 세계적으로 유명해진 "논쟁에서 이기는 가장 좋은 방법은 바로 논쟁을 피하는 것이다."라는 명언을 남겼다.

이와 관련해 명승名僧 자처우 활불加措活佛의 "다투지 않는 것이 자비이고, 논쟁하지 않는 것이 지혜다."라는 말이 가슴에 와닿았다.

살다 보면 많은 사람이 '입'으로 죄를 짓는다. 이견이 있는 사람이나 억지 주장을 하는 사람을 만났을 때 우리가 해야 할 일은 그들을 설득하거나 시시비비를 가리는 논쟁을 벌이는 게 아니라 조용히 입을 닫고 자신의 논리를 정리하는 것이다. 우리의 에너지는 한정적이라 무의미한 일에 논쟁을 벌이고 시간을 낭비할 바에야 침묵을 지키거나 이를 무시하며 더 의미 있는 일을 하는 것이 낫기 때문이다.

'성인이 되는 길은 논쟁하지 않는 데 있다.'는 말처럼 말이다.

경지에 오른 사람은 무엇보다 말을 아낀다. 중요하지 않은 사람과 일 때문에 논쟁을 벌이는 것은 무의미하다고 생각하여 자신의 말과 시간을 낭비하지 않는 것이다.

흔히 '큰 물고기는 깊이 잠수하고 작은 물고기는 수면 가까이에 있다'고 말한다. 훌륭한 사람들은 이미 자신을 숨기는 법을 터득했다. 날을 숨기고 본 모습을 드러내지 않아야 모든 일이 순리대로 흘러가고, 화를 감추고 차분하게 생각해야 모든 일을 이성적으로 처리할 수 있으며, 말을 삼가며 시시비비를 따지지 않아야 자신의 생활에 집중할 수 있다.

차단할수록
인생이 평온해진다

최근 몇 년간 노이즈 캔슬링 이어폰이 큰 인기를 끌었다. 주변이 아무리 시끄러워도 노이즈 캔슬링 이어폰을 끼면 아주 큰 소음도 순식간에 사라지고, 듣고 싶은 소리만 선택해서 들을 수 있다.

예전보다 빨라진 라이프 스타일에 맞추어 사는 우리는 각종 소음에 둘러싸여 점점 인생의 길을 잃은 느낌을 받을 때가 있다. 더 높은 효율로 자신의 가치를 제고하고 싶다면 인생의 소음을 줄이는 법을 알아야 한다.

▎현재에 집중하며 외부의 소음 차단하기

혹시 업무시간에 동료들이 가십거리를 놓고 수다를 떨기에 잠깐만 듣는다는 게 어느새 퇴근 시간이 되어버렸고, 결국 업무는 하나도 못 해낸 경험이 있는가?

아니면 이제 막 책을 읽으려는데 메신저 알림음이 울리기 시작하고, 참지 못하고 핸드폰을 들었는데 다시 내려놓으니 이미 야심한 밤이 되어버린 경험을 해보진 않았는가?

이처럼 지나치게 많은 정보는 때와 장소를 가리지 않고 집중력을 분산시킴으로써 우리의 소중한 시간을 조금씩 갉아먹는다. 정보가 폭발하는 시대에는 귓가에 울리는 소리가 끊이지 않을 만큼 우리에게 안정은 일종의 사치가 되어버렸다.

모 기업의 법무팀 팀장으로 재직 중인 연수는 입사 직후의 자신을 이렇게 회상했다. 입사 초기, 그녀는 대인 관계만 잘하면 금방 승진하고 급여도 큰 폭으로 인상될 것이라 예상했다. 그래서 상사와 동료들에게 잘 보이는 것을 회사 생활의 중점으로 삼고, 아이디어 발표나 회식도 누구보다 주도적으로 나섰다. 하지만 그녀는 당시 업무에 필요한 자격증도 못 따고, 고과도 처참한 성적을 받는 결과를 맞았다.

그녀는 그제야 시끌벅적한 대인 관계는 피상적일 뿐 직장에서 가장 중요한 것은 결국 업무 능력이라는 점을 깨달았다. 그녀는 핸드폰에 깔아 두었던 엔터테인먼트 앱을 모두 삭제하고 모든 약속과 회식을 거절했다. 대신 매일 점심시간과 퇴근 후 시간을 활용해 회사 열람실에서 네다섯 시간씩 책을 읽었다. 열람실의 문은 그녀를 방해하는 모든 소리를 차단해 주었다. 덕분에 잠시 대인 관계를 잊고 공부에 몰두할 수 있었다. 그녀는 이런 주의력을 업무로도 연장했다. 동료들이 한담을 나눌 때도 그녀는 한쪽 귀에 이어폰을 꽂은 채 대화에 끼어들지 않고 업무에만 집중했다.

주도적으로 만들어 낸 고요한 공간에서 그녀는 계속해서 자신을 연마하며 연속적으로 놀랄만한 업무 성과를 달성했다. 그렇게 몇 년간 노력을 지속하자 그녀는 사원 중에서도 뛰어난 실력으로 법무 팀 팀장으로 빠르게 승진했다.

젊은 날에는 시끄러움이 인생의 필수품이라 여기며 귀에 들려오는 소식에 하나하나 신경을 쓰고 모든 모임에 참석하려 애를 쓴다. 그러다 연륜이 쌓이면 그런 시끌벅적함은 쉽게 얻을 수 있다는 사실을, 고요함이야말로 귀중하다는 사실을 깨닫는다.

마보룽馬伯庸 작가의 작품 〈장안의 십이시진長安十二時辰〉이 리메이크 되었다. 그러자 그는 유명세를 등에 업고 줄이어 다른 계약을 체결했다. 신작 소설의 대략적인 줄거리 구상을 마친 그는 작품에만 집중했다. 그리고 불과 11일 만에 무려 17만 자에 달하는『장안의 여지 長安的荔枝』를 완성해 다시 한번 큰 화제가 되었다.

혼자 조용히 보내는 시간은 개인이 성장하는 가장 좋은 기회가 된다. 자발적으로 나와 무관한 시끄러움을 차단하고 어수선한 소음 가운데에서도 조용한 곳을 주도적으로 만들어 내야 자신에게 집중하며 더 나은 삶을 살 수 있다.

┃마음의 방은 치우고, 소문은 필터링하기

스티브 잡스는 "다른 사람의 의견에 매몰되어 자기 내면의 목소리와 생각, 그리고 직관을 놓치는 상황을 경계하라."라고 강조했다. 타인의 의견에 지나치게 신경 쓰는 행동은 자신에게 족쇄를 채우는 격이라 내면이 어지럽혀진다.

얼마 전 사촌 언니가 시세보다 저렴한 가격으로 괜찮은 아파트를 매입했다. 그런데 직접 만나보니 언니는 얼굴에 수심이 가득하여 전혀 즐거워 보이지 않았다. 알고 보니 이런 일이 있었다고 한다. 이사를 마친 뒤 사촌 언니는 시어머니와 친구를 각각 집으로 초대했다. 그런데 시어머니는 집에 들어서자마자 창문이 작아서 공기가 잘 통하지 않는다고 지적하고, 친구는 낡은 구조라 집이 좁게 느껴진다고 말했다. 이런 말을 들은 사촌 언니는 집이 점점 마음에 들지 않았다. 점차 집을 매입한 것이 후회스러워서 매일 자책하며 집을 다시 내놓을까 고민했다.

그녀가 고민에 빠진 이유는 타인의 의견을 듣고 판단력을 잃었기 때문이다.

이때 명심해야 할 사실이 있다. 입은 다른 사람의 몸에 달려 있지만, 인생은 자기 손에 달려있다는 것이다. 타인은 그 누구라도 결국 내 삶을 스쳐 지나가는 손님일 뿐, 내 인생의 조타수는 나 하나뿐이다.

위화는 『인생-살아간다는 것』에서 "인생은 그 누구의 생각이 아닌 자기의 느낌에 속한다."라고 표현했다. 인생의 길을 걷다 보면 당신이 정상에 있든 바닥에 있든 남들의 평가를 막을 수 없다. 타인의 지적을 지나치게 신경 쓰면 마음의 부담만 늘어날 뿐이고, 주변 사람들이 하는 평가를 전부 믿으면 자신을 잃을 뿐이다. 그러니 부디 다른 사람의 입속에 살지 말기를 바란다. 남의 평가를 밖으로 뱉어 버려야 제대로 깨어있는 자신이 될 수 있다.

▌나를 받아들이고 자아 성토를 멈추라

『내적 전쟁 멈추기停止你的內在戰爭』라는 책에 이런 사례가 나온다. 한 엄마가 아들을 데리고 공원에 놀러 갔다. 아들이 다른 아이와 서로 밀치락달치락하더니 이내 울음을 터트렸다. 그녀는 곧장 달려가 그 아이의 엄마를 윽박질렀고 둘은 말다툼을 시작했다. 그런데 싸움이 끝나자 깊은 자책감이 밀려들었다.

'내가 너무 교양 없이 굴었나? 아이에게 잘못된 본보기를 보인 것 같아.'

'어떻게 이런 일도 제대로 못 하지? 말싸움에서도 지고 말이야….'

아이는 진작에 그 소동을 잊었는데 정작 엄마는 며칠째 잠을 설쳐야만 했다. 사실 그녀는 엄마로서 해야 할 역할을 언제나 훌륭하게 해냈다. 그런데도 그녀는 완벽한 엄마의 모습을 떠올릴 때마다 자신에게 더 엄격하게 굴었고, 조그마한 실수에도 전전긍긍하며 스스로 부담감을 더해갔다. 그 결과 그녀는 엄청난 스트레스와 함께 정신적으로 피폐해져 심리상담사에게 도움을 청할 수밖에 없었다.

심리상담사는 그녀에게 60점짜리 엄마가 되라고 조언하며 스스로 트집 잡는 일은 그만두라고 일러주었다. 우리의 삶은 이미 힘든 여정인데, 자신에게까지 대립각을 세우면 인생은 고통밖에 남지 않을 것이다. 자신을 더 인정하고 포용하며 불완전한 자신을 보듬어 줘야 행운도 따라온다는 점을 명심하자.

중국 토크쇼의 선두 주자라 불리는 황시黃西에게는 한때 자신을 비하하던 시절이 있었다. 어린 시절 그는 강의실에서 교수가 내준 문제의 답을 분명 알고 있었지만 차마 손을 들고 답할 용기가 없었다. '넌 제대로 대답 못 해.' 같은 마음의 소리가 들려왔기 때문이었다.

직장 생활을 시작한 지 8년, 그는 사내에서 일을 제일 많이 하는 직원이었지만 내로라하는 실적은 없었다. 회사에서 유일한 특허를 발명하고서도 선뜻 특허를 신청하지 못해 다른 사람이 자신의 공로를 채가는 모습을 지켜봐야만 했다. 부모님과 대화를 나눌 때조차 혹시라도 부모님을 실망하게 하면 어쩌나 하는 마음에 바짝 긴장했다.

그렇게 자신을 부정하는 동안 그의 삶은 점점 소극적이고 비관적으로 바뀌어 갔다. 어느 날 그는 이 모든 상황을 타개해야겠다는 결심을 하고 자신을 토크의 유머 소재로 삼기 시작했다. 그는 자기가 겪었던 감정을 이야기에 녹여내 주변 사람들에게 들려주었다. 그 결과 그의 입담은 서서히 소문을 타기 시작했고, 이때부터 그는 자기 비하를 멈추고 뛰어난 토크쇼 MC로 거듭났다.

『정신과 의사를 찾아간 두꺼비 선생蛤蟆先生去看心理醫生』이라는 책에 이런 구절이 있다.

"자기비판보다 더 강한 비판은 없고, 본인 외에 자신에게 더 엄격할 수 있는 판사도 없다."

생각해 보면 정말 맞는 말이다. 많은 경우에 우리가 힘들어하는 근본적인 이유는 자신을 부정하기 때문이다. 무작정 자책하면 고통만 반복될 뿐, 자신을 받아들여야 먹구름 속에서도 희미한 빛을 볼 수 있다.

또 자기 비하를 멈추면 그동안 건널 수 없다고 생각했던 깊은 골짜기도 사실 얕은 모래사장에 불과했다는 사실을 알게 된다.

세상은 소란스럽고, 정보는 넘쳐나며, 우리는 이런 세상에서 벗어날 수 없다. 떠들썩한 열기를 쫓다 보면 초심을 잃게 되고, 타인의 말에 휘둘리면 자신을 비하하고 발전을 가로막게 된다. 인생이라는 수행의 길에서는 잡념을 내려놓고 고요한 마음을 지켜야만 더 큰 자신을 얻을 수 있다.

5장

자기감정 살피기

타인과의 소통 과정에서 감정 조절이

만능열쇠는 아니지만,

감정 조절을 못 하는 것은 치명적이다.

모든 일은 나로부터,
내면에서 원인 찾기

맹자가 이르되 "행하였으나 얻음이 없으면, 모든 원인을 내게서 찾으라行有不得者, 皆反求諸己."고 하였다. 어떤 일이 발생했을 때 어리석은 사람은 외부를 탓하지만, 지혜로운 사람은 언제나 자기 내면을 먼저 살피고 그 안에서 원인을 찾는다.

내면의 원인을 찾으면 나를 더욱 이해할 수 있고, 외부 원인을 찾으면 실행력을 증진할 수 있기 때문이다. 사람은 내적 사고가 가능해야 외적 성장도 할 수 있다. 외부의 소란에 지나치게 신경 쓰면 자기 성찰을 위한 시간이 줄어들고, 집중력이 떨어져 본질을 잊게 되는 상황이 펼쳐진다.

심리학의 '과제 분리' 이론은 대인 관계에서 누가 어떤 과제를 맡아야 하는지, 자신의 책임이 무엇인지를 정확하게 구분해야 한다는 것을 강조한다. 어떤 문제가 얼마나 복잡하든, 우리가 실제로 해결할 수 있는 것은 자신에게 주어진 과제뿐이다. 난관에 부딪혔을 때 남을 비난하고 원망하는 대신에 문제를 중심으로 자신의 내면을 살피고, 자신과 관련된 과제를 찾아내어 적극적으로 해결 방안을 모색함으로써 스스로 자신이 직면한 문제를 해결해야 한다. 언제나 통제 가능한 범위 내에서 문제를 신속하게 해결해야만 더 큰 손실을 예방할 수 있기 때문이다.

▍혼자 있는 시간을 즐기고 자신의 가치를 높여라

철학가 후스胡適는 "혼자라는 것은 자기 관리의 시작이다. 혼자 있을 때만큼은 자신을 솔직하게 바라봐야 하기 때문이다."라고 말했다. 생각해 보면 확실히 맞는 말이다. 사람은 혼사 있을 때라야 모든 에너지를 자기에게 집중할 수 있다.

중국의 시사 주간지 〈신저우칸新周刊〉이 무라카미 하루키를 작가가 아닌 생활가로 평가한 적이 있다. 이유는 그가 유명해진 이후에도 주변의 유혹에 넘어가지 않고 혼자 지내는 데 더 많은 시간을 보냈기 때문이다. 그는 혼자 있는 시간이 전혀 외롭지 않았다. 혼자 있는 동안 오히려 자기 내면을 더 충실하게 채우고, 매일 달리기를 한 덕분에 몸과 마음이 더 단단해졌다. 삶과 일로 인한 스트레스도 달리기를 하는 동안 땀으로 배출해 버린 덕분에 더욱 맑은 정신을 가지게 되었다.

혼자인 시간 동안 무라카미 하루키는 글을 쓰고, 번역을 하고, 책을 읽고, 그림을 그리며 자신을 풍요롭게 채우는 데 더 많은 시간을 할애했다.

독일 철학자 쇼펜하우어Arthur Schopenhauer는 이렇게 말했다.

"사람은 혼자 있을 때 오롯한 자기 자신이 될 수 있다. 혼자만의 시간은 인내심에 대한 시험이자 자신의 가치를 높일 수 있는 최적의 시간이다."

혼자 있을 때 우리는 온전한 자신을 마주한다. 이때만큼은 타인에게 맞추거나 억지 모습을 보일 필요 없이 오롯이 자신만 신경 쓰면 된다. 또 자신이 원하는 대로 시간을 나누고, 자기 스타일대로 에너지와 체력을 회복할 수도 있다. 조용히 꽃 한 송이를 감상하더라도 차분히 정신을 수양하며 세상의 아름다움을 만끽하면 영혼이 풍요로워진다.

우리는 종종 자신의 감정이나 타인의 반응을 통해 자신의 부족한 점을 발견한다. 이럴 때 혼자 있으면 자기 내면을 더 깊이 살펴볼 기회가 생기고, 이러한 기회를 통해 부족한 부분을 보완하고 자신을 정비함으로써 더 나은 자신으로 성장할 수 있다. 혼자 있는 시간을 즐기면서 자신의 가치를 높이는 방법을 배우면 자신의 이상을 실현하고 삶에 대한 열정을 유지해 끝없는 만족감을 느낄 수 있다.

남의 눈치 보지 말고 자신에게 충실하라

영국 소설가 버지니아 울프Virginia Woolf는 "진정한 자기 자신이 될 수 있는 것은 인간에게 그 무엇보다 중요하다."라고 했다. 사람들은 더 나은 자신이 되고 싶다고 입버릇처럼 말하지만, 언제나 자신을 내모는 삶을 살다가 진정한 자기 자신이 되어야 한다는 사실은 까맣게 잊어버리곤 한다.

영국 작가 서머싯 몸Somerset Maugham을 유명 작가 반열에 올려놓은 작품은 『달과 6펜스』이지만, 그가 2차 세계 대전 동안 집필한 『면도날』 또한 깊이 생각해 볼 만한 가치가 있는 작품이다.

1차 세계 대전 이후 미국 경제는 전에 없던 번영을 누렸고, 전쟁에서 돌아온 래리도 영웅 대접을 받았다. 참전 용사라는 영예와 아름다운 약혼자, 그리고 친구가 마련해 준 전도유망한 직업까지, 남들의 눈에 비친 래리에게는 장밋빛 미래만 기다리고 있는 듯 보였다. 하지만 그는 남의 눈에 비친 것처럼 살지 않았다. 전쟁으로 죽어가는 수많은 사람을 목격한 그는 생명에 대한 특별한 깨달음을 얻고 자의식이 깨어나 있었기 때문이다. 그는 다른 청년들처럼 부를 쫓는 대신 생명의 의미를 탐구했다.

『면도날』을 탈고했을 때 서머싯 몸은 이미 일흔을 넘긴 나이였고, 세계적인 명예를 얻은 유명한 작가였기에 과거 작품만으로도 충분히 풍족한 생활을 유지할 수 있었다. 하지만 소설이 마무리되자 그는 이렇게 말했다.

"이 책은 내게 커다란 즐거움을 안겨 주었습니다. 다른 사람이
이 책을 좋아하든지 싫어하든지는 상관없어요. 마침내 내가 하
고 싶은 이야기를 썼다는 것이 내겐 가장 중요합니다."

서머싯 몸은 자기 인생의 철학을 주인공 래리의 사상과 선택에 투
영했다. 책을 통해 그동안 하고 싶었던 말을 속 시원히 털어낸 그에
겐 남들의 평가나 의견은 허상일 뿐, 원하던 내용을 썼으니 그것으
로 충분했다.

쇼펜하우어는 "인간의 가장 특별한 약점은 타인의 눈에 비친 자신
을 신경 쓴다는 점이다."라고 말했다. 그렇다. 우리는 타인의 시선에
지나치게 신경 쓴다. 그래서 항시 자신감이 흔들리고 괴로움을 느
끼며 결과에 대해 지나치게 걱정한다. 타인의 시선에 자신을 맞추
기 위해 애쓰는 대신 쇼펜하우어가 말한 약점을 극복하고 자신에게
충실한 모습으로 계속 빛을 발하고 발전해 나가는 것이 중요하다.

인생에서 가장 중요한 것은 바로 자기 자신에게 충실한 것이다.
타인의 시선 속에 사는 대신 자기 내면에 주목하고, 자신이 처음에
바라던 목표와 뜻을 지켜야 더 깊은 인생을 살 수 있다.

영국 철학자 프랜시스 베이컨Francis Bacon은 "자신의 마음을 깊이 들

여다보면, 모든 기적이 자신에게 있다는 사실을 발견할 것이다."라고 말했다.

미국의 유명 작가이자 철학가인 헨리 데이비드 소로Henry David Thoreau는 편안한 삶을 내려놓고 월든Walden 호숫가에 작은 집을 짓고 살았다. 그는 호숫가에서 홀로 사색하며 자신을 뒤돌아보고, 솔바람과 새들의 지저귐 사이에서 자신을 오롯이 느끼며 『월든』이라는 책을 완성했다. 그는 "당신의 마음을 들여다보면, 당신의 생각 속에 아직 발견되지 않은 수천 개의 영역이 있다는 사실을 발견하게 될 것이다."라고 말했다.

자기 내면을 탐구하는 사람은 깨달음과 효율의 세계를 발견하고, 자유롭고 찬란한 시간을 찾아 독립적이고 빛나는 자아를 형성한다. 그러니 고독을 즐기며 자신의 가치를 높이는 방법을 배우고, 자신에게 충실함으로써 타인의 시선에서 벗어나자.

부디 앞으로는 우리 모두 내면을 깊이 탐구하여 진정한 자아를 발견하기를, 이를 통해 평범함 속에서 기적을 만들 수 있기를 바란다.

▌감정의 노예가 아닌 마음의 주인이 되자

『순자荀子』에 "화가 나도 지나치게 처벌하면 안 되고, 기뻐도 지나치게 칭찬해선 안 된다怒不過奪, 喜不過予."라는 구절이 있다.

소양이 높은 사람들은 자신의 감정을 더 잘 통제하고, 자신의 감정을 더 많이 책임지며, 감정에 담긴 인격과 성숙함의 의미를 더 잘 이해하고 있어서 언제나 침착함을 유지하고 기쁨과 분노를 잘 드러 내지 않는다.

한 사람의 수준은 사회적 지위, 재산, 학식, 지역 또는 출신 배경 에 따라 결정되는 것이 아니라 그 사람의 안목, 생활 방식, 경험, 경 력, 가치관, 세계관, 자제력 그리고 감정 지능에 따라 결정된다.

최근 친구에게 연락이 왔다. 또 회사를 그만뒀다고 하는데, 벌써 세 번째 퇴사였다. 그녀는 매번 3개월을 채우지 못했다. 이번에 퇴 사한 이유는 사장이 자신을 신뢰하지 않고 하찮은 일만 시켰기 때문 이라고 한다. 그런데 진짜 계기는 따로 있었다. 그녀와 동료 사이에 사소한 마찰이 있었는데 몸싸움으로까지 번졌다. 그녀는 동료가 자 신을 무시했다고 말했다. 사실 친구는 고집이 세서 다른 사람이 자 신에게 싫은 소리를 하면 조금도 용납하지 않았다. 상사가 나서서 서로 양보하고 화해하라고 권했지만, 그녀는 끝까지 자신이 옳다고 우겼다. 결국 그녀는 정규직으로 전환된 지 열흘 만에 회사를 나오 고 말았다.

그녀도 이번만큼은 정말 남고 싶었다고 한다. 겨우 자기가 좋아 하는 일을 찾은 데다 사내 환경이나 복지가 좋았기 때문이다. 그런 데도 자신의 감정을 주체하지 못하고 고집을 피운 것이다. 그녀는 이미 동료에게 화를 내버린 직후라 먼저 사과하기도 쪽팔리고, 퇴사할 수밖에 없었다고 강조했다.

그녀는 곧 불만을 토로했다. "실습 기간 3개월 동안 얼마나 고생했는지 알아? 매일 물 받고, 차 우려내고, 커피 사고, 문서를 인쇄하는 것도 모자라 청소까지 도맡아서 했어. 그런데도 허드렛일만 잔뜩 시키고 정작 중요한 일은 시킬 생각도 안 하는 것 같더라니까."

내가 말했다. "직장에서 안 힘든 사람이 어딨고, 잡무부터 시작하지 않은 사람이 어디 있겠어? 사람이라면 다들 감정이 있어. 너도 이제 성인이 되었으니 자신의 감정에 책임을 질 줄 알아야 해. 언제까지고 네 기분대로 살 순 없잖아."

친구가 고집부리지 않고 자신의 감정을 조절할 줄 알았다면 지금처럼 후회하는 상황이 아니라, 좋아하는 직장에서 좋아하는 일을 하는 상황에 있을 것이다. 이제라도 친구가 조금만 더 인내하고 타인의 의견을 받아들인다면 분명 더 다양한 기회와 발전 가능성을 가지게 될 것이다.

직장에서는 자신의 감정과 기분을 무음 상태로 조절하여 감정을 드러내지 말아야 한다. 실제로 사내에서 우수하다고 평가받는 사람들은 업무를 완수하는 데 주안점을 두고 자신의 이익을 해칠 수 있는 감정은 한쪽으로 치워둔다. 부정적인 감정을 조절할 줄 알아야만 자신의 역량도 높일 수 있다. 부정적인 감정은 지혜의 부족으로 생성된 결과물이기에 자신의 감정을 통제하지 못하면 아무리 좋은 기회가 찾아와도 지나쳐 버리고 만다.

그러므로 당신이 해야 할 일은 감정의 노예가 아닌, 감정의 주인이 되는 것이다.

또 다른 친구 지윤은 감정을 주체하지 못해 불평불만을 입에 달고 사는 어머니가 고민이다. 어머니의 부정적인 감정은 전염병처럼 온 식구들을 감염시켜 온종일 집안 분위기를 침울하게 만들었다.

어느 날 지윤의 아버지가 경추를 늘려주는 침대형 기구를 구매했다. 좋은 의도로 들인 기구였지만 조립 과정에서 문제가 있었는지 제대로 작동되지 않았다. 지윤의 아버지는 일단 조립을 마치고 서둘러 출근을 했고, 어머니는 기구를 사용해 보았지만 아무리 해도 원하는 효과를 보지 못했다. 아니나 다를까 저녁 식사 중에 어머니가 불평을 늘어놓았다.

"뭘 제대로 작동도 안 되는 저런 걸 샀나 몰라. 말로는 나 쓰라고 샀다고 하지만 실은 네 아빠가 쓰려고 산 거야. 네 아빠가 저렇게 자기밖에 모르는 이기적인 사람이라니까…."

한번 시작된 어머니의 불평은 끝도 없이 이어졌다.

지윤은 원래 주방에서 뒷정리를 도우며 어머니를 달래줄 생각이었지만, 봇물 터지듯 통제되지 않는 어머니의 감정에 괜한 불똥을 맞고 말았다.

질주하는 어머니의 부정적인 감정 때문에 화기애애했던 집안 분위기는 순식간에 무겁게 가라앉았다.

분노는 이 세상에 대해 아무것도 할 수 없을 때 분출하는 가장 무기력한 감정으로 실질적인 문제는 하나도 해결하지 못한다.

소양이 낮은 사람일수록 감정을 제대로 통제하지 못 하는 경향이 있다. 그들은 마음과 시야가 좁고, 소양과 자제력이 부족하여 부정적인 감정을 드러내야만 자신의 불만과 분노를 표현할 수 있기 때문이다. 중국의 작가 양장은 "당신이 옳다면 화낼 필요가 없고, 당신이 틀렸다면 화낼 자격이 없다."라고 했다.

반면 소양이 높은 사람들은 자신의 감정을 조절하는 방법을 잘 알고 있다. 그들은 부정적인 감정에 휩쓸리지 않고, 타인 앞에서 이러한 감정을 드러내거나 불만을 표하지도 않는다. 이성적이고 지혜로운 이들은 감정을 드러내는 행동이 어떠한 문제도 해결해 줄 수 없다는 사실을 익히 알고 있기 때문이다.

부디 우리 모두 자신의 감정과 성격을 잘 통제하고 다듬어 교양과 소양을 두루 갖춘 수준 높은 사람이 되길 바란다. 강한 사람은 쉽게 부러지지만, 부드러운 사람은 오래도록 남는다는 점을 명심하자.

가장 현명한 처세법 :
감정 추스르기

1903년, 독일 화학자 프레드릭 오스트발트Friedrich Ostwald는 익명의 발송인으로부터 한 통의 원고를 받았다. 원고를 대충 훑어보았지만 극심한 치통에 시달리느라 무슨 내용인지 눈에 하나도 들어오지 않아 폐지함에 아무렇게나 던져버렸다. 며칠이 지나 치통이 사라지고 기분이 한결 좋아진 그는 갑자기 그 원고가 떠올랐다. 폐지함을 다시 뒤적거려 찾아낸 원고는 뜻밖에도 과학적 가치가 높은 훌륭한 논문이었다. 그는 즉시 이 논문을 추천하는 편지를 작성하여 과학잡지사로 보냈다.

논문 자체는 미발표 상태로 남았지만, 학술계를 뒤집어 놓기에 충분했던 내용 덕분에 논문 작성자인 스반테 아레니우스Svante Arrhenius는 노벨 화학상을 받게 되었다. 이 일화에서 알 수 있듯이 오스트발트와 같은 위대한 과학자도 감정의 늪에 빠지면 순식간에 감정의 노예로 전락할 수 있다.

토니 로빈스^{Tony Robbins}는 "성공의 비결은 쾌락과 고통의 힘을 어떻게 통제하는지 알고, 그 힘에 맞서지 않는 것이다. 이를 해낼 수 있다면 인생을 자기 손에 쥘 수 있지만, 그렇지 못하다면 인생을 손에 잡을 수 없다."라고 말했다.

인생이라는 시합장에서 승부를 결정지을 궁극적인 요소는 감정 조절 능력이다. 감정을 통제하면 기회를 먼저 얻을 수 있기 때문이다. 이렇듯 안정된 감정은 평생 당신에게 행운을 가져다줄 수 있다.

▎감정을 잘 다스려야 행운을 지킬 수 있다

작가 리우나^{柳娜}는 "감정이 한 자루의 총이라면, 감정의 방아쇠를 당길 때 총구는 우리를 향해있다."라고 했다. 감정의 총은 눈 깜짝할 사이에 우리의 이성과 예의, 소양과 인품을 앗아가는 것도 모자라 참혹한 대가까지 요구한다.

'야생마 엔딩'이라는 유명한 심리학 이론을 기억하는가? 흡혈박쥐는 야생마의 피를 흡입한다. 사실 흡입하는 피의 양은 야생마를 죽음에 이르게 할 만큼 많지 않다. 그런데도 야생마는 공격을 받으면 박쥐를 떼어내려 미쳐 날뛰고, 분노의 발버둥을 치다가 기진맥진하여 죽고 만다.

번잡한 세상을 살다 보면 누구에게나 기분 나쁜 순간이 찾아온다. 가끔은 사소한 집안일이 자신을 꼼짝도 못 하게 옭아맨다고 느끼기도 하고, 직장에서 숨쉬기 어려울 정도로 중압감에 시달리기도 한다. 때로는 감정을 조절하기가 불가능한 순간도 있다. 그럴 때는 자신을 방치하고 싶은 마음이 들지만, 무작정 방치된 감정은 문제 해결에 도움이 되지 않을뿐더러 오히려 상황을 악화시켜 야생마와 같은 엔딩을 맞이하게 된다.

자신의 부정적인 감정을 가정으로 끌어들이면 가족들이 상처를 받고, 업무에 이입하면 승진과 연봉 협상에 영향을 미친다는 점을 반드시 기억하자.

한 심리학자가 블로그에 이런 일화를 기록했다. 식당에 간 그는 한 손님이 앞에 놓인 잔을 가리키며 종업원에게 큰소리치는 장면을 목격했다. "이봐, 이리 와봐! 우유가 상해서 홍차가 엉망이 됐잖아!" 종업원은 연신 사과하며 홍차를 다시 가져다주겠다고 했다.

종업원이 새로 준비된 홍차를 서둘러 가져왔다. 마침 테이블에 놓인 레몬과 우유가 그녀의 눈에 띄었다. 그녀가 손님에게 조용히 속삭였다. "손님, 홍차에 레몬을 넣으실 때 우유는 넣지 마세요. 레몬의 산성이 우유를 응고시키거든요." 이 말에 화가 쑥 가라앉은 손님이 민망한 듯 "고맙습니다."라고 답했다.

손님이 떠나자, 옆자리에 앉아 모든 상황을 지켜보던 심리학자가 종업원에게 물었다. "분명히 그 사람 잘못이었는데 왜 바로 얘기하지 않았죠?" 종업원은 손님이 이미 화가 난 상태였기 때문에 똑같이 행동하면 상황이 더 악화되었을 거라며, 자신은 그렇게 하고 싶지 않았다고 웃으며 설명했다.

『채근담』에 "성급하고 조급한 사람은 아무 일도 이룰 수 없지만, 마음이 평안하고 고요한 사람에게는 백 가지 복이 스스로 찾아온 다."라는 구절이 있다. 화를 내면 끊임없이 문제가 발생하지만, 마음 을 잘 다스려 화를 가라앉히면 그 문제로 인한 영향을 최소화할 수 있다는 의미다.

심리학자 데이비스Davis 교수는 천 명에 가까운 사람을 추적 조사 한 결과, 극도의 부정적인 감정에 장기간 노출된 사람들은 가정 파 탄, 사업 실패 등 순조로웠던 상황을 엉망으로 만들 수 있다는 결론 을 내렸다.

자기감정에 대한 조절력이 생활의 질을 결정하는 중요한 요소인 만큼 긍정적인 마음가짐을 가져야 좋은 일이 생기고 감정을 안정적 으로 유지해야 행운도 지속할 수 있다.

▍생명을 아끼는 최고의 방법 : 감정 관리

중의학에 따르면 과도한 즐거움은 심장을, 화는 간을, 슬픔은 폐 를, 고민은 위를, 두려움은 신장을 상하게 한다. 병은 사람의 기운氣 에서 비롯하기 때문에 어떤 기분을 가졌었는지가 몸에 여실히 드러난다는 뜻이다.

미국의 유명한 생물학자 엘머 게이츠^{Elmer R. Gates}가 흥미로운 실험을 진행했다. 그는 감정 상태가 다른 두 부류의 사람, 즉 비통함과 분노에 차 있는 사람과 평온하고 즐거운 상태인 사람을 찾아 각각 얼음과 물 혼합물이 똑같이 담긴 용기를 나누어 주고, 유리 파이프를 사용하여 용기 안에 공기를 불어 넣도록 했다. 그리고 두 용기 안에 있던 물을 각기 다른 쥐에게 나누어 먹였다. 며칠 후, 분노의 감정이 담긴 물을 마신 쥐는 죽은 채로 발견되었고, 즐거운 마음이 담긴 물을 마신 쥐는 건강하게 살아있었다.

엘런 게이츠는 분노와 같은 부정적인 감정이 몸 안에서 독소를 발생시키고, 이는 신체에 해로운 영향을 줄 수도 있다는 결론을 내렸다.

'조급함은 만병의 근원이고, 평온함은 만병통치약이다.'라는 옛말이 있다. 자신의 몸을 지키는 최고의 방법은 감정을 잘 살피는 것으로, 감정을 잘 관리하면 병도 자연스레 치유될 수 있다.

자기감정의 진짜 주인이 되고 싶다면 다음의 몇 가지 방법을 참고해 보자.

1. 감정을 조절하는 EETA 질문법

심리학에서 유명한 'EETA 질문법'은 다음의 4가지 질문에 답함으로써 자신의 감정을 다스리는 방법이다.

• Emotion : 어떤 감정을 느끼고 있으며, 감정의 강도는 몇 점인

가? - 이 질문은 자신의 감정을 분류하는 데 도움이 된다.

• Event : 무슨 일 때문에 이런 감정을 가지게 되었나? - 이 질문을 통해 감정의 원인이 되는 사실을 확인할 수 있다.

• Target : 원래 내가 바라던 것은 무엇인가? - 이 질문을 통해 예상 기대치와 실제 결과의 차이를 확인할 수 있다.

• Action : 지금 내가 할 수 있는 일은 무엇인가? - 이 질문을 통해 자기 행동을 조정함으로써 감정을 다스릴 수 있다.

2. 색상 말하기

미국의 심리학자 레오날드 펠더Leonard Felder가 주창한 '색상 말하기' 방법은 감정을 조절하는 데 효과적인 것으로 알려졌다. 화를 참기 어려운 순간, 하고 있던 일을 잠시 내려놓고 주변을 둘러본다. 그리고 마음속으로 눈에 보이는 물건들이 무슨 색인지 생각한다.

하늘은 파란색, 와이셔츠는 흰색, 치마는 빨간색…. 이렇게 시각적 감각을 강제로 회복시킴으로써 대뇌가 다시 이성적으로 사고할 수 있게 도와줄 수 있다.

3. 운동으로 조절하기

심리학자 엘리엇 애런슨Elliot Aronson은 연구를 통해 최고의 감정 조절 방법으로 운동을 꼽았다. 이는 슬픔이나 분노의 감정이 들 때 운동, 농구, 복싱 등의 운동을 통해 자신의 바이오리듬을 원상태로 돌려놓는 방법이다. 실제로 운동을 하는 사람들은 신체적으로도 더 건강하고 정서적으로도 훨씬 안정되어 있다.

"뇌는 당신의 기분을 통제하고, 기분은 당신의 미래를 결정한다." 라는 말을 들은 적이 있다. 그런 측면에서 평정심을 유지하는 것이 성인으로서 반드시 갖추어야 할 덕목이지 않을까 싶다.

살다 보면 누구나 어려운 순간을 겪을 때가 있다. 이럴 때 가장 좋은 해결 방법은 감정을 안정적으로 유지하는 것이다. 안정된 감정에는 자신을 조절하는 자율성과 일을 차분하게 처리하는 문제 해결 능력이 잠재되어 있다. 그렇기 때문에 감정을 잘 다스리는 사람만이 감정의 함정에 빠지지 않고 삶의 곳곳에 감춰진 문제들을 이성적이고 객관적으로 대처할 수 있다.

지성이 없으면
외부의 충격에 허우적거린다

비가 세차게 내리는 어느 퇴근 시간이었다. 우산을 챙기지 않았던 나는 회사 건물 1층 로비에서 비가 멈추기를 기다리고 있었다. 마침 회사 IT 팀의 김 대리가 차 키를 들고 로비를 지나 주차장으로 향하다 나와 마주쳤다. 그는 우산도 없이 우두커니 있던 내게 같은 방향이니 차를 태워주겠다며 호의를 베풀었다. 그런데 비가 내린 탓에 교통체증이 평소보다 훨씬 심했다. 예전 같으면 집까지 30분이면 충분한 거리를 한 시간 동안 절반도 채 못 왔을 만큼 거북이 행진이 이어졌다.

계속 시계를 힐끔거리던 김 대리의 얼굴이 굳어갔다. "오늘이 아들 생일이라 저녁에 생일 축하 파티를 하자고 약속했거든요. 체증이 언제 풀릴지도 모르겠고 정말 미치겠네요." 그가 말했다.

나는 위로밖에 해줄 수 있는 게 없었다. "비 오는 날은 원래 이렇잖아요. 조금만 더 기다려 보죠. 아들도 이해할 거예요." 겨우 차가 조금씩 움직일 기미가 보이는가 싶었지만, 우리 앞에 있던 차가 요지부동 꿈쩍도 안 했다. 김 대리는 황급히 클랙슨을 울리고 창문을 내려 소리를 질렀다.

"야! 눈 제대로 안 뜨냐! 안 가고 뭐 하는 거야!"

그 소리를 들었는지 앞에 있던 차주가 창밖으로 고개를 내밀어 소리쳤다.

"누구한테 눈을 뜨라 마라야!"

"그러니까 빨리 가라고!" 화가 난 김 대리가 앞차를 향해 또 고함을 질렀다.

마침내 앞차가 움직였다. 그런데 몇 분이 채 지나기도 전에 또 길이 밀리기 시작했다. 김 대리가 몇 마디 더 구시렁거리는 사이 전화가 울렸다. 그의 부인이었다. 곧 평온한 듯 전화를 받던 그의 목소리가 높아지기 시작했다.

"그래, 동준이한테 집에 일찍 가서 생일 축하해 주겠다고 했어! 그런데 지금 길이 꽉 막혔잖아. 나더러 어쩌라는 거야!"

수화기 너머로 뭐라고 하는 소리가 들리는가 싶더니 그가 핸드폰에 대고 고함을 질렀다.

"못 기다리겠으면 먼저 먹든가 하지, 왜 자꾸 보채고 그래!" 말을 마친 그는 핸드폰을 집어 던져버렸다.

차 안 분위기가 무겁게 가라앉았다. 안 그래도 IT 팀 김 대리의 성격이 불같아서 부하 직원들도 그의 화를 돋우지 않으려 살얼음판을 걷듯 바짝 긴장한다는 소문이 자자했다.

▍부정적인 감정은 낮은 인식 수준을 보여준다

문득 작년 8월 회사에서 전 사원을 대상으로 진행했던 하이난海南 싼야三亞 가족 여행이 떠올랐다. 호텔에 도착한 다음 날 조식 시간이었다. 여름방학이라 그와 함께 온 다섯 살 아들은 모처럼 만에 하는 여행이 신기한 듯 식당 안을 여기저기 구경하며 돌아다녔다. 그러던 중 과일 코너에서 발이 미끄러져 테이블 위에 올려 두었던 과일 쟁반이 통째로 떨어지는 사고가 났다. 쟁반은 산산조각이 났고 아이는 다행히 다치지는 않았지만 과일을 온통 뒤집어썼다.

소식을 듣고 급히 달려온 김 대리는 엉망이 된 바닥과 주변 사람들의 시선을 보자 순간 화를 참지 못했다. 그는 아들이 철없이 행동했다며 크게 꾸짖었다. 동시에 분노와 질책을 가득 담은 목소리로 "이렇게 말 안 들으면 집에 갈 때 너 여기다가 놓고 갈 거야."라는 위협까지 했다. 안 그래도 넘어져서 정신이 없던 아이는 무서운 표정과 말투로 화를 내는 아버지를 보자 놀라고 겁이 났던지 '와앙' 하고 울음을 터뜨렸다.

아이의 울음에 더 화가 난 김 대리는 더 크게 호통을 쳤다. 마침 그의 팀장이 달려와 구경하던 사람들을 돌려보내고 아이를 씻기러

데려갔다. 그제야 김 대리도 화를 억누르고 호텔 직원과 함께 엉망 진창이 된 바닥을 정리하기 시작했다.

벌써 10년째 우리 회사에서 근무하고 있으나 아직 책임자 직급까지 진급하지 못한 그에 대한 내부 평판은 대체로 이랬다. '사람도 괜찮고 평소 성격도 괜찮은데 자주 욱해. 자신의 감정을 통제하지 못해서 아무 때나 폭발하는 것 같아.'

사실 우리 주변엔 이런 사람들이 꽤 많이 있다. 이들은 대수롭지 않은 작은 일에도 분노하고, 괴로워하고, 화를 내고 원망하는 극단적인 감정을 표출하거나 공격적 성향을 보이기도 한다.

바이두 바이커百度百科(네이버 지식백과와 비슷한 정보 사이트)는 '감정'에 대해 '일련의 주관적인 인지 경험의 통칭으로서 다양한 감각, 사상 그리고 행위가 종합적으로 생성한 심리적, 생물학적 상태'라고 설명하고 있다. 다시 말해 감정은 우리의 내면이 외부 사물을 인식하는 내재적 반응이라는 뜻이다.

개인의 인지 수준이 낮을수록 사건을 판단하는 능력이 떨어지고, 잠재의식에 내재된 사건 처리 방식도 단일화된다. 뇌에서 더 나은 문제 해결 방법을 찾지 못하면 마음속에 숨어 있던 분노, 괴로움 등과 같은 나쁜 감정이 표출되어 행동에 영향을 미친다. 이때 행동이 입으로 반영되면 언쟁을 하고, 몸으로 반영되면 타인을 공격한다. 개개인의 부정적인 감정은 그들의 낮은 인지 수준을 나타내고, 인지 수준이 높은 사람일수록 보다 안정된 감정 상태를 보여준다.

인지 결함을 극복해야 부정적인 감정을 개선할 수 있다

왕양명은 평생 우여곡절이 많은 삶을 살았다. 옥에 갇히고, 곤장을 맞고, 용장龍場으로 유배를 가고, 시기 질투와 음모를 당하는 등 온갖 운명의 고난을 맞아야 했다. 평범한 사람들이 똑같은 일을 겪었다면 아마 진작에 우울증에 걸려 죽음을 택했을지도 모르는 삶이지만 왕양명은 고난과 고통을 긍정적으로 인식했다.

감주饒州, 현 장시江西성의 남부 지역 유배 당시, 진구천陳九川과 다른 동료들은 우울증에 걸려 시름시름 앓아누웠지만, 왕양명 단 한 사람만은 맑은 정신을 유지했다. 그의 일기에는 당시의 상황이 이렇게 기록되어 있다.

"용장에 온 지 두 해가 지났다. 장독瘴毒, 습습하고 더운 땅에서 생기는 독한 기운에 시달리기는 하지만 여전히 나는 건강을 지키고 있다. 이곳에 온 다른 사람들처럼 슬퍼하거나 비통해하지 않고 긍정적인 마음과 낙관적인 태도를 유지하고 있는 덕분이다."

그가 낙관적인 마음을 유지할 수 있었던 유일한 방법은 바로 역경과 고난을 정확하게 인식하고 부정적인 감정의 지배를 받지 않기 위해 노력하는 것이었다.

그가 제창한 '지행합일知行合一'과 '치량지致良知' 학설은 내면과 신체의 조화를 이루기 위한 것으로 인지학 분야의 고전이라 추앙받고 있다. 중국번은 "옛 기풍을 바로 잡고, 새로운 기풍을 열었으니, 그 공이 우禹왕 못지 않다矯正舊風氣, 開出新風氣, 功不在禹下."(우왕은 중국 하夏나라의 시조로 홍수를 다스려 나라를 구한 영웅으로 알려져 있다_역주)라며 그를 높이 평가했다.

인지 수준이 높은 사람일수록 책을 많이 읽고 견고한 배경 지식을 쌓아, 그 넓은 식견을 바탕으로 독립적인 사고력을 길러 외부 사물을 더욱 정확하고 안정적으로 인식하고 판단한다. 그렇기에 이들은 외부의 충격에도 감정의 노예가 되지 않고 자신의 감정을 통제할 수 있다.

약 2천 년 전 고대 그리스 철학자 에픽테토스Epictetus는 "인간의 번뇌는 실질적인 문제가 아니라 그 문제를 대하는 방식에서 비롯하므로 외부 사물을 다르게 인식함으로써 부정적인 감정을 통제해야 한다."고 말했다.

뛰어난 사람들도 물론 감정을 가지고 있다. 다만, 그들은 감정에 휘둘리지 않는다. '화가 나도 지나치게 처벌하면 안 되고, 기뻐도 지나치게 칭찬해선 안 된다.'라는 말도 내적 자신감과 패기에서 비롯된다.

축구선수 마리오 발로텔리Mario Balotelli는 천부적인 재능을 가졌지만, 난폭한 성격 탓에 훈련 때마다 다른 선수들과 싸움을 벌였다. 심지어 시합 때도 상대편 선수는 물론 심판이나 관중들과도 마찰을 일으켰다.

반면 리오넬 메시Lionel Messi는 그보다 뛰어난 재능이 있음에도 필드 위에서는 언제나 겸손한 모습을 보여주었다. 그는 어떤 돌발 상황에서도 침착하고 냉정하게 감정을 유지하며 경기에 임했다. 이런 차이 때문에 메시가 수도 없이 받은 골든볼을 발로텔리는 아직 한 번도 받지 못했다. 메시처럼 뛰어난 사람들은 감정에 휘둘려 일순간의 통쾌함을 얻는 것보다 자신을 더 단련하는 데 모든 힘을 투자하는 게 이익이라는 사실을 정확히 인식하고 있다. 그리고 이러한 신념 덕분에 그들은 자기감정의 주인이 되어 감성에 휘둘리지 않을 수 있는 것이다.

그러니 화를 내느라 낭비하는 시간에 더 많은 양의 책을 읽고 간접 경험으로 기초지식을 더 견고히 해보자. 인지 수준이 높아지면 그동안 화나게 했던 일들이 사실 가슴에 담아 놓을 필요도 없을 정도의 에피소드에 불과했다는 사실을 깨닫게 될 것이다.

나폴레옹이 "자신의 감정을 통제하는 사람이 성을 함락시킬 수 있는 장군보다 위대하다."라고 말한 것처럼, 보다 나은 미래를 위해 에너지를 남겨두자.

오르막길에서 버려야 하는
5가지 감정 소모

중국의 작가 싼마오는 "'길路'은 '발足'과 '각各'으로 이루어져 있다. '발'은 각자의 다리로 걸어야 한다는 말이고, '각'은 각자에게 펼쳐진 길이 있다는 의미다."라고 했다. 이는 어떤 길을 선택하느냐에 따라 각기 다른 인생이 펼쳐진다는 뜻이다. 정상에 오르려는 사람에게 가장 큰 방해물은 감정 소모다. 매일 감정 소모에 시달리기보다는 자기 계발에 그 시간을 활용하는 것이 더 나은 선택이 될 수 있다.

다음의 5가지 감정 소모를 버리면 인생의 오르막이 시작된다.

1. 부정적인 감정의 늪에서 벗어나 적극적이고 긍정적인 태도로 생활에 임하기

2. 사람과 일에 대한 기대치를 낮추며 평상심을 가지고 인생 마주하기

3. 무의미한 사교 활동을 내려놓고 시간과 에너지를 중요한 일에 쏟기

4. 생활 리듬을 유지하며, 만족스럽고 즐거운 자기만의 인생 살기

5. 물질에 대한 욕망을 줄이는 대신 독서를 통해 내면의 세계를 더욱 풍성

   하게 만들기

▌부정적인 감정 버리기

어느 사이트에 '인생에서 어떤 능력이 가장 중요하다고 생각하나
요?'라는 질문이 올라왔다.

이에 가장 많은 '좋아요'를 받은 댓글은 바로 '감정 조절 능력'이
었다.

감정에는 옳고 그름이 없다. 다만 통제력을 잃은 감정은 우리를
헤어 나오지 못하게 만드는 만큼 감정 조절 능력을 배양하는 것은
성인으로서의 필수 덕목이라 할 수 있다.

류머티즘을 앓고 있는 95년생 여학생이 클레이 점토를 독학으로
배우는 동영상을 보고 깊은 감명을 받은 적이 있다. 7살 때 발병한
이후 약물치료를 통해 생명을 연장해 온 그녀가 자기 몸에서 유일하
게 움직일 수 있는 곳이라고는 손가락이 전부였다. 다른 관절들은
모두 망가져 물 한 잔 마시는 일조차 버거웠고, 설상가상으로 심장
마저 약해져 얼마나 더 살 수 있을지 모르는 상황이었다. 그녀는 부
모님께 큰 죄책감을 느꼈고, 인생은 막막하기만 했다.

죽음의 신이 언제 자기를 데리러 올지 모른다는 생각에 우울해하

던 중 우연히 인터넷에 올라온 동영상이 그녀의 관심을 끌었다. 그 때부터 클레이 인형을 만들기 시작한 그녀의 실력은 어느새 온라인 판매가 가능할 정도로 일취월장했다. 그녀는 매일 아침 7시부터 저녁 10시까지 바쁘게 클레이 인형을 만들며 삶의 희망을 되찾았고, 인터뷰 내내 부정적인 감정의 흔적을 찾아볼 수 없을 정도로 편안하고 에너지 넘치는 모습을 보여주었다.

사람들은 각기 다른 어려움에 부딪히고 각기 다른 감정으로 이에 반응한다. 이때 성숙한 사람은 보다 나은 상태로 인생을 맞이하기 위해 부정적인 감정을 곧바로 조절할 줄 안다.

미국의 엘리너 루스벨트^{Eleanor Roosevelt} 영부인은 "당신의 동의 없이 당신의 감정을 좌지우지할 수 있는 사람은 없다."라고 말했다. 부정적인 감정을 타인에게 전가하지 않는 것이 인생의 수양이라면, 부정적인 감정을 남겨두지 않는 것은 자신에 대한 사랑이다. 자기감정을 잘 조절하면 더 주의 깊게 타인의 기분을 관찰할 수 있고, 이를 통해 한층 원활한 대인 관계를 맺을 수 있다.

▌ 높은 기대치 버리기

우쥔^{吳軍} 박사가 기대치와 관련하여 한 젊은이의 일화를 들려주었다. 평범한 가정환경에서 자란 젊은이는 성실히 공부해 명문대에 진학하고, 우수한 성적으로 졸업까지 순조롭게 마쳤다. 그는 자기 정도 능력이면 대기업 입사는 식은 죽 먹기라며 자신했다. 그런데 예상밖으로 1차 면접에서 줄줄이 낙방하는 게 아닌가. 풀이 죽은 젊은이는 우쥔 박사에게 도움을 청했다. "저는 더 나은 미래를 가지면 안 되는 겁니까?" 우쥔 박사는 기대가 너무 높으면 실망도 커지는 법이라고 위로하는 한편, 성공은 단 하나의 요인으로 결정되지 않는데, 노력도 그 요인 중 하나일 뿐이라고 부연했다.

노력이 직장에서의 무조건적인 성공을 보장하지는 않는다. 어떤 일을 경험하든, 누구를 만나든 타인의 보상을 과도하게 기대하면 그 결과가 기대치에 부합하지 못했을 때 더 큰 실망감을 느끼게 된다.

그런 의미에서 보면 직장인의 기본 소양은 기대치를 낮추고 일에 열중하는 것이다. 작가 린후이인林徽因은 "어떤 일이라도 기대만 해야지 그것에 의지해서는 안 된다."라고 했다. 기대지가 높으면 남는 건 고통과 쓰라림뿐이다. 과도한 기대는 마음가짐을 흐트러트리지만, 기대치를 내려놓고 평상심으로 사람과 일을 대하다 보면 내 주변이 더 아름답게 보일 것이다.

▌무의미한 사교 활동 버리기

유의미한 사교 활동은 우리를 계속해서 성장시킨다. 반대로 무의미한 사교 활동은 에너지와 시간을 낭비하게 만든다.

리상룽 작가는 대학교 재학 시절, 사교 활동을 무척이나 좋아해 회식이나 모임에 참석하기 위해 시간의 대부분을 투자했다. 그 덕분에 그는 소위 성공했다는 사람들의 연락처도 얻었다. 그는 그 사람들이 자신의 인맥이자 자원이라고 여기며 자주 선물을 보내는 것으로 성의를 표했다. 하지만 그가 업무적인 문제에 부딪혀 도움을 구하고자 '친구'라고 생각했던 사람들에게 연락했을 때, 그 '친구'들은 하나같이 부탁을 거절했다. 리상룽은 그제야 친구와 인맥은 다르다는 사실을 깨달았다. 이후 그는 자신에게 불필요한 사교 활동은 모두 단절하고 진정한 친구들과의 만남에 더 많은 시간과 에너지를 쏟았다.

무의미한 사교 활동에 시간을 낭비하기보다는 본인에게 더 가치 있는 사람에게 시간을 쓰는 것이 낫다. 우리 주변에도 대인 관계라는 족쇄에 묶여 벗어나지 못하는 사람들을 쉽게 찾을 수 있다. "외부 세계에 대한 의존도를 얼마나 내려놓을 수 있는지를 보면 그 사람이 얼마나 행복한지를 알 수 있다."라는 말이 있다.

사교 활동도 투자와 마찬가지로 어느 바구니에 얼마만큼의 에너지와 시간을 쏟으면 어느 정도의 수익을 창출할 수 있는지를 고민해야 한다. 누군가 점점 발전할 수 있는 이유는 그 사람이 정말 가치 있는 일에 시간을 쏟고 있기 때문이다. 그러니 선택과 집중하는 법을 제대로 배우면 당신의 사교 가치도 점차 높아질 것이다.

▎비교 심리 버리기

현실 속 우리는 남들에게 뒤처지기 싫다는 경쟁심리 때문에 서로를 뒤쫓느라 정신없이 지낸다. 학창 시절에는 누가 성적을 더 잘 받고, 어느 집 가정환경이 더 나은지를 비교하고, 직장 생활을 시작하면 누구의 능력이 더 출중하고, 누구의 급여가 높은지를 따진다.

가정을 이룬 다음에도 마찬가지다. 누가 더 비싼 차를 끌고 더 큰 집에 살며, 누구의 아이가 더 똑똑한지를 겨룬다. 이런 비교의 길 위에 있다 보면 누구에게나 남모를 수고가 있다는 사실은 깨끗이 잊어버릴 때가 많다.

현진과 예지는 같은 대학원에 나란히 입학한 절친이다. 현진은 대학원 2년 차가 되던 해에 남자 친구와 결혼을 했다. 신랑은 공무원이어서 직업적으로 안정되었고, 시어머니는 그녀가 계속 공부에 전념할 수 있도록 신혼집을 마련해 주고 아이까지 돌봐주었다. 코로나로 인한 사회적 거리 두기가 끝난 뒤, 현진이 예지를 만나러 왔다. 그런데 예지는 오랜만에 단짝을 만나 즐거우면서도 괜한 씁쓸함이 느껴졌다. 그녀는 새삼 자신의 처지가 눈에 들어왔다. 불의의 사고로 남편을 잃고 친정어머니의 도움을 받아 가며 겨우 혼자서 딸을 키우고 있는 자신의 신세에 절로 한숨이 났다.

저녁 무렵 친구가 돌아간 다음, 그녀는 방 안에서 홀로 눈물을 흘렸다. 그 모습을 본 딸아이가 말했다. "엄마, 괜찮아. 내가 빨리 커서 엄마 돌봐줄게." 딸의 말을 들은 예지는 정신이 번쩍 들었다. 왜 말도 안 되는 비교를 하며 딸의 마음을 아프게 했을까.

작가 마샬^{Marshall}은 "정말 참혹한 생활을 하고 싶다면 자신과 남을 비교하라."라고 했다. '비교'란 출발점만 있고 도착점은 없는 트랙과 같아서 자신과 타인을 비교하기 시작하면 이 트랙에서 절대 헤어 나올 수 없게 된다. 타인의 즐거움을 나와 비교하면 괴로움만 더해질 뿐이다. 그러니 타인을 위해 준비된 극본의 조연이 아닌 내게 주어진 극본의 주연이 될 수 있도록 자기 내면을 직시하고 자신만의 삶을 일구어 가야 한다.

▌물욕 버리기

이수^{亦舒} 작가의 소설 『유유아심^{悠悠我心}』에 '후^楀 선생'이란 캐릭터가 등장한다. 그는 빈곤한 가정에서 태어났지만, 부단한 노력을 통해 모 은행의 재무팀 매니저로 승진하고, 연봉도 백만 위안(한화 약 1억 8천만 원) 이상을 받았다. 그는 아름다운 아내와 귀여운 딸이 있는 행복한 가정도 꾸렸다. 그런데도 그는 자신의 삶은 더 멋져야 한다는 생각에 욕심을 내기 시작했고, 고급 와인과 명품 시계를 구매하기 위해 공금에 손을 대는 지경에 이르렀다. 횡령 사실이 발각된 그는 결국 감옥행 신세가 되었다. 그의 아내는 사건 직후 이혼을 택했고, 행복이 가득했던 가정은 후 선생의 잘못된 선택으로 무너지고 말았다.

　욕망을 자제할 수 있었더라면 후 선생은 아마 더 행복한 삶을 누렸을 것이다. 쇼펜하우어는 "소위 말하는 찬란한 인생이란 사실 욕망의 인질에 불과하다."라고 말했다. 물질의 세계에 침전되어 스스로 빠져나오지 못하면 점점 깊은 수렁으로 빨려 들어가 결국 자신을 잃어버리게 된다.

　욕망 지수가 낮아질수록 행복 지수는 높아진다고 했다. 삶은 본디 불순한 것을 버리고 깨끗함만 남기는 여정이라 우리는 물질적으로나 정신적으로 선택과 균형을 배워야만 한다. 물질적인 삶이 간결해질수록 정신세계를 채우는 데 더 많은 시간을 쓸 수 있고, 내면이 충실해져야 더 뛰어난 역량을 발휘할 수 있게 된다.

　일본 소설가 가와바타 야스나리川端康成가 "시간은 모든 사람에게 동일한 방식으로 흐르지만, 사람들은 각기 다른 방식으로 시간을 흘려보낸다."라고 말했듯, 시간을 어디에 어떻게 쓰느냐가 당신의 성장 정도를 결정짓는다.

　그러니 부디 남은 인생은 부정적인 감정의 늪에서 벗어나, 적극적이고 낙관적인 태도로 인생을 맞이하고 원하던 모습으로 인생의 여정을 더 멋지게 꾸려나가길 바란다.

인생의 후반전,
중요한 건 마음가짐이다

'인생은 관대함이다.'라는 말을 들은 적이 있다. 인생을 살자면 타인에 대한 관대함도 필요하지만 자기 자신에 대한 관대함도 배워야 한다. 자신에게 관대하다는 것은 세상과의 화해이자 자기 자신과의 화해를 의미하는 말로, 관대함은 잠시 순탄치 못한 순간이나 역경에 처한 사람들에게 따뜻한 위로를 전한다.

우리는 피와 살로 이루어진 육체를 가진 평범한 사람들이다. 그러니 인생의 여정에서 어려움에 직면했을 때 자신을 가혹하게 대하거나 실현 불가능한 목표를 과도하게 많이 제시하기보다는 평범함을 인정하는 방법을 배워야 한다.

큰일이든 작은 일이든 결국에는 지나간 일이 된다. 인생을 잘 살아야 좋은 일이 더 많이 생긴다. 자신에게 관대하면 인생이란 활을 조금 느슨하게 잡아도 마음이 편안하고, 마음이 편하고 따뜻해지면 먹구름에서 조금씩 벗어나 빛을 맞이하게 된다.

인생의 후반전에서 중요한 것은 재물이나 사회적 지위가 아니라 마음가짐이다. 인생에 어떤 일이 펼쳐질지는 우리가 결정할 수 없어도 우리의 마음가짐은 조율할 수 있고, 마찬가지로 다른 사람을 변화시키기는 어려워도 자기 자신은 변화시킬 수 있다. 올바른 마음가짐을 가지면 고민이 줄고 일도 순조롭게 해결된다. 반대로 비틀린 마음가짐을 가지면 눈에 보이는 모든 것이 비틀려 보이고 능력이 아무리 뛰어나도 약자일 수밖에 없다.

▌원망보다는 '변화'를 택하라

인터넷에서 한 네티즌이 겪은 일화를 보았다. 시원시원하고 밝은 성격에 취미도 다양한 그녀는 글과 사진 작품으로 전국 대회에서 여러 차례 수상한 경력도 있을 만큼 다채로운 나날을 보내고 있었다. 그런데 뜻밖에도 그녀의 삶은 일순간에 아수라장이 되어버렸다. 회사 건강 검진 결과 불치병인 루게릭병이 확진된 것이다.

이 소식을 들은 후 친구와 동료들은 그녀가 이런 현실을 어떻게 받아들일지 많은 걱정을 했다.

하루는 친구 몇몇이 그녀를 찾아왔다. 그녀는 평소와 다름없이 평온하게 행동하며 근황을 담담히 전해주었다. 임대 내놓았던 집을 회수해 아들이 신혼집으로 쓸 수 있게 리모델링 공사를 진행하고,

메이크업을 배운 딸을 위해 웨딩 촬영 스튜디오를 오픈해 안정적인 수입원을 마련해 주었다. 얼마 뒤 그녀는 친구들과 여행을 떠났다. 밤이 깊어지자 같은 방을 쓰는 친구가 조심스럽게 물었다. "언니, 힘들지 않아? 힘들면 울어도 돼."

고개를 돌린 그녀는 친구에게 밝은 미소를 보여주었다. "바보야. 내가 울 시간이 어딨어? 아직 움직일 수 있을 때 할 수 있는 일을 다 해야 하고, 아직 못 이룬 꿈도 실현해야 하는 걸. 이걸 다해야 내 인생에 대한 아쉬움이 줄어들지 않겠어?"

나는 그녀의 일화에 깊은 감명을 받았다. 그녀는 인생의 강자였다.

"열에 아홉은 생각대로 되지 않는 게 인생이다."라는 말이 있다. 이처럼 사람들은 생각대로 인생이 흘러가지 않을 때 대개 불평을 택한다. 운이 없었다고, 다른 사람들이 무정했다고, 주변 환경이 받쳐주지 않았다고 말이다. 그런데 누군가는 변화를 선택한다. 현실을 바꿀 수 없다면 자신의 마음가짐을 바꾸고, 다른 시각으로 문제를 바라보며 현실에 충실하기 위해 노력하는 것이다.

작가 리샤오라이李笑来는 불평의 해로움은 시간 낭비도 있지만, 자신의 무능함을 드러내고 억지로 선택을 포기하게 만든다는 데 있다고 말했다. 사실 불평불만은 세상에서 제일 쓸모없는 일 중 하나다. 문제 해결에도 도움이 안 되는 것은 물론, 자신감을 떨어뜨리고, 열정을 꺼트리며, 화를 돋우어 피곤하게 만들 뿐만 아니라 부정적인 에너지를 타인에게 전이시키기 때문이다.

그러니 불평하지 않는 것은 자신과의 마찰 없이 어떤 상황에도 잘 적응할 수 있는 올바른 삶의 태도이자 인생의 큰 지혜일 것이다.

▌비교는 그만, 자기 자신으로 살기

작가 마더馬德는 이런 일화를 글로 남긴 적이 있다. 그에게는 테크 회사에 근무하는 친구 한 명이 있었다. 어느 날 대화를 하던 중 친구가 매년 연말이 되면 직원이 몇 명씩 퇴사한다는 이야기를 꺼냈다. 퇴사의 이유는 보너스 때문이라고 했다. 마더는 보너스를 주는 데도 회사를 나가는 거면 액수가 너무 적은 것이 아니냐고 반문했다.

친구는 고개를 저었다. 회사에서 지급하는 보너스가 적어서가 아니라, 그 친구들이 다른 직원들보다 적게 받았기 때문이라고 한다. 보너스로 20만 위안(약 3천6백만 원)을 받고도 남들보다 1~2만 위안(약 160만~320만 원)이 적다는 이유로 퇴사하는 사람도 있다고 한다.

일부 동료들이 "그냥 있어, 몇 푼 차이 난다고 퇴사까지 해?"라며 설득해 보지만, 그들은 크게 화를 낼 뿐이었다. "표면적인 액수만 생각하면 안 되는 문제라니까요? 속사정을 따져봐야죠. 얼마나 차이 나냐 싶겠지만 윗사람들이 절 어떻게 보는지를 알 수 있다고요." 이런 식으로 떠나면 안 되는 직원들이 퇴사해 버리고 나면 회사는 한동안 난장판이 된다.

이런 상황에 대해 친구가 말했다. "남들과 너무 비교하면 안 돼. 내가 비교한들 그들은 잃을 게 없지만 나 자신은 너무 많은 걸 잃게 되거든."

현실에서 비슷한 사례는 얼마든지 있다. 남들과 자주 비교하는 마음을 가진 사람들이 추구하는 것은 단순한 행복이 아니다. 이들은 '남들보다 행복하기' 위해 경쟁에 모든 에너지를 쏟아붓는다. 사실 회사 직급, 집, 재산 등을 비교하고 또 비교하다 보면 남는 건 매일 같이 늘어나는 욕망과 불안감뿐이고 인생의 행복과 즐거움은 결코 찾을 수 없다.

인생의 길은 오롯이 자신이 걸어야 한다. 다른 사람의 조건이 아무리 좋아 보여도 내 것이 아니라서 시기, 질투, 증오를 한들 아무런 쓸모가 없다. 그러니 내게 없는 무언가를 바라는 대신 내가 가진 무언가를 찾도록 노력해야 한다.

안타깝게도 사람들은 자기가 원하는 것을 그저 손에 넣고 싶어 할 뿐, 이미 가지고 있는 것을 사랑하는 방법도, 오롯한 자신으로 살아가는 인생이 가장 큰 행복이라는 사실도 모르고 지낸다.

훌륭한 사람들은 유리 멘탈부터 버린다

한 친구가 제일 못마땅한 사람 유형으로 '정신력이 약한 사람'을 꼽은 적이 있다. 조그마한 불편함도 못 참고, 주변에 휘둘리고, 싫은 소리는 한마디도 못 참는 마인드를 가진 사람은 직장에서나 일상생활에서 환영받기 어렵다고 말이다. 나도 그녀의 관점에 크게 동의했다. 자신이 원하는 삶을 살고, 사업적으로 성공한 사람들을 살펴보면 진작에 유리 멘탈을 버리고 강한 내면을 유지하고 있는 경우가 대부분이다. 그들은 외부에서 부정적인 자극이 들어와도 언제나 안정적인 마음을 유지한다.

심리학자들은 사람의 가치관을 '약한 가치관'과 '강한 가치관' 두 가지로 분류하는데, 이 두 가치관은 사람들의 상반된 마음가짐을 여실히 보여준다.

'약한 가치관'을 가진 사람들은 문제가 생기면 습관적으로 '왜'라고 묻는다. 다른 사람은 잘 사는데 나만 왜 이렇지? 건강하게 잘 살고 있었는데 왜 하필 내가 병에 걸린 거지? 조건은 비슷한데 왜 저 사람만 승진하고 나는 제자리걸음이지? 이렇듯 이들의 마음속에는 불평과 비판, 분노만이 크게 자리하고 있어서 자기가 이룬 성공과 행복을 체감하지 못한다.

반면 '강한 가치관'을 가진 사람들은 문제가 생기면 '어떻게'를 묻는다. 어떻게 이런 상황이 발생했는지, 어디서 문제가 생긴 것인지, 주관적인 원인 때문인지 아니면 객관적인 원인 때문인지, 주관적인 원인 때문이라면 자신의 지능, 감성, 적응력 중 어느 것이 문제인지, 그리고 당장 문제를 어떻게 해결할 것인지 등을 빠르게 자문한다.

마음을 반성, 분석, 조정, 개선으로 채운 이들은 모든 방법을 동원하여 문제를 해결하고, 끝끝내 어둠에서 벗어나 행복과 기쁨을 누린다.

인생에 절대적으로 좋기만 한 날은 없지만, 언제라도 올바른 마음가짐을 가질 수는 있다. 마음가짐이 올바르지 않으면 아무리 능력이 뛰어나도 약자일 뿐이다. 건강한 마음이 바탕이 되어야 행복한 인생도 가질 수 있다.

인생은 순풍에 몸을 맡긴 돛단배처럼 마음대로 흘러가지 않는다. 좌절과 역경 앞에서 올바른 마음가짐을 유지하지 못하고 유리 멘탈 상태 그대로 있으면 성공은 요원해질 수밖에 없다는 사실을 기억하기를 바란다.

6장
———————————

간소한 인생으로
감정 소모하지 않기

자기 내면의 소리를 따라 부족하고 미완성 상태인

자신을 수용하고 사랑하는 것이,

인생에서 가장 큰 의미라는 점을 깨달으며,

용서와 포용의 자세로 주변 사람들과 일을 대하고,

평범하고 소소한 일상을 담담히 마주할 수 있을 때

사람은 한층 성장하고 성숙해질 수 있다.

언젠가 당신도 '드넓은 세상 속 인간은 자기 자신도

겨우 지켜낼 만큼 작고 연약한 존재라 다른 사람에게

신경 쓸 여유가 없다'는 사실을 깨닫게 될 것이다.

성숙한 삶의 지표,
나의 행복한 순간을 아는 것

인생을 살다 보면 아무리 노력해도 외롭고 예민한 순간, 혹은 자기 비하의 순간을 피할 수 없을 때가 있는데, 기간에는 아무리 날아오르려 애를 써도 내가 원하는 하늘에는 닿을 수 없다. 이건 내가 20대 초반에 몸소 체득한 사실이다.

당시 나는 재수로 겨우 후난湖南성의 한 대학에 입학했다. 시골 출신인 나는 도시가 낯설고 신기하면서도 혼자라는 사실이 두려웠다. 특히 말주변도 없고 내성적인 성격 탓에 한껏 위축되어 혹시라도 외톨이가 될까, 남들과 다르게 보일까 하는 걱정에 무의식적으로 방어기제를 발동시켰다. '남에게 맞춰주기'라는 두꺼운 껍질로 나를 보호하기 시작한 것이다.

덕분에 나는 거절을 모르는 아이가 되었다. 언제나 타인의 감정을 먼저 생각하고, 그들의 필요를 채워줌으로써 타인의 호감과 칭찬을 샀다. 이런 행동에 익숙해진 나는 나의 감정은 거들떠보지도 않았다. 이런 행동은 취직 뒤에 더 심해져서 조금만 도와달라는 동료들의 부탁을 차마 뿌리치지 못한 탓에 내 할 일도 제때 끝내지 못해 상사에게 혼이 나기 일쑤였다.

또 상사와 선배의 의견에 동의하지 않는데도 동의하는 척하고, 너무 피곤해서 푹 쉬고 싶은 주말에도 동료의 쇼핑에 따라나서며 나를 희생했다.

남들이 나를 싫어하고 배척할까 봐 전전긍긍하며 항상 '나를 낮추고 남에게 맞춰주는' 노력을 했는데도 대인 관계는 생각처럼 수월하지 않았고, 업무적으로 나를 인정해 주는 사람도 얼마 되지 않았다. 나는 여전히 예민하고 외롭고 자괴감을 느꼈다. 나이가 조금 더 들자 나와 내적 자아의 갈등이 잦아졌다.

어느 날 밤, 오랫동안 억눌려 있던 나의 자아가 불공평했던 대우에 항의하며 폭발하듯 깨어났다.

▎평범하고 소소한 일상을 소중히 마주하라

미국의 심리학자 카렌 호나이Karen Horney는 저서 『우리의 내적 갈등 Our inner conflicts』에서 내적 갈등과 관련된 세 가지 유형의 인격, 순종적 인격, 공격적 인격 그리고 무관심한 인격에 관해 설명했다. 그중 순종적 인격은 다음과 같은 특징을 보인다.

1. 타인이 제시한 내용을 기민하게 수용하고, 그 사람의 기분에 맞춰 요구를 받아들이기 위해 자기 내면의 목소리는 무시한다.
2. 언제나 자신을 차순위로 두면서도 원망이나 후회를 하지 않는다.
3. 타인의 평가에 지나치게 신경 쓰고, 그들의 평가에 따라 자신을 바라본다.

순종적 인격이 이런 특징을 가지는 근본적인 이유는 자기 내면에 긍정과 같은 감정을 자극하는 내적 원동력을 억누른 다음, 감정을 자극하는 그 원동력을 외부 세계에 의존하는 방향으로 대체하기 때문이다. 이를 개선하고 극복하기 위해서는 외부에 의존하던 원동력을 내면으로 다시 돌려놓아야 할 필요가 있다.

그 후로 몇 년 동안 나는 남에게 맞춰주는 데 익숙해져 있던 나와의 싸움을 의식적으로 계속했다. 이를 위해 외부 평가에 쏠렸던 나의 시선을 내면으로 돌려놓는 한편, 불편한 부탁은 염치 불고하고 하나씩 거절해 나갔다.

그 대신에 독서, 음악 감상, 영화 감상, 여행 등을 통해 좋은 것만 보고 나를 즐겁게 할 수 있는 모든 일을 시도했다. 나를 행복하게 만들기 위한 시간을 통해 나는 그 어느 때보다 편안한 즐거움과 성취감을 느낄 수 있었다.

덕분에 몇 년 동안 외지에서 혼자 분투하느라 쌓여가던 자괴감이 사라지고 바닥을 보이던 자신감이 다시 채워지기 시작하면서 나와 내적 자아는 마침내 화해할 수 있었다. "사람을 좋아하는 사람은 많지만, 자신을 좋아하는 사람만이 왕이 될 수 있다."라는 말처럼 나를 사랑하자 새 삶을 얻은 기분이 들면서 암울했던 나의 20대에 무지개색 빛이 더해졌다.

그런 의미에서 자신을 행복하게 하는 방법을 아는 것은 그 사람이 얼마나 성숙했는지를 가늠하는 지표일 것이다.

자기 내면의 소리를 따라 부족하고 미완성 상태인 자신을 수용하고, 자신을 사랑하는 것이 인생에서 가장 큰 의미라는 점을 깨달으며, 용서와 포용의 자세로 주변 사람들과 일을 대하고, 평범하고 소소한 일상을 담담히 마주할 수 있을 때 사람은 한층 성장하고 성숙해질 수 있다.

자신을 행복하게 만든다는 것의 진정한 의미는 자기 내면의 소리를 존중하고 모든 외부 요인을 활용하여 자기 몸과 마음을 즐겁게 해줌으로써 행복 지수를 높인다는 뜻이다.

┃ 인생을 얼마나 즐기는가
= 내 마음을 얼마나 잘 다스리는가

나와 같은 부서의 30대 수현은 매주 사무실로 생화를 배달시키는 유일한 직원이었다. 때로는 백합과 재스민, 때로는 히아신스와 녹색 국화가 사무실로 배달되었고, 화사하게 만개한 꽃에서 풍기는 은 은한 꽃향기가 코끝을 스치면 답답하게 눌려있던 재무팀 분위기도 화사하게 살아나는 듯했다.

우리 부서를 찾는 사람들은 꽃이 예쁘다고 칭찬하면서도 이해가 안 된다는 반응을 보였다.

"생화라 얼마 못 가서 시들지 않아?"

"일주일 정도." 수현이 답했다.

그러자 상대방이 또 묻는다. "5천 원 정도 하지?"

수현이 고개를 끄덕이면 상대방은 그럴 줄 알았다는 듯 비아냥거렸다.

"겨우 일주일이면 다 시들어 버리는데 너무 아깝다."

수현은 미소를 지으며 말했다.

"네가 일주일 동안 먹는 간식비도 5천 원은 되지 않아? 일하면 긴장되고 스트레스받는데, 피곤할 때 물도 갈아주고 꽃이 피려고 애쓰는 걸 보면 기분이 훨씬 좋아져. 물론 일할 때 효율도 더 오르고."

정말 자신을 사랑하는 사람은 물질에 얽매이지 않고, 타인의 평가에 휘둘리지 않으며, 언제나 나은 삶을 위한 비전을 가슴속에 품고 있다. 그래서 이들은 남을 기쁘게 하는 일보다 자기 행복을 위한 즐거운 기분과 경험에 더 많은 신경을 쓴다.

내가 사는 단지에는 크지도 작지도 않은 청과물 시장이 있다. 그 중에서 나는 영지의 가게를 단골로 이용한다. 영지는 자기 가게에서 물건을 사는 손님에게 늘 쪽파나 마늘을 덤으로 끼워주었다. 그 덕에 나도 방문 횟수가 늘어나면서 그녀와 자연스레 친해지게 되었다.

두 아이의 엄마로 마흔이 조금 넘은 그녀는 지저분한 다른 가게들과 달리 가판대를 항상 깨끗하고 정갈하게 정돈해 두었다. 채소를 차례대로 배열하고, 시든 채소잎도 함부로 바닥에 버리지 않고 직접 마련한 쓰레기통에 담았다. 무엇보다 장을 보러 갈 때마다 가판대 위에 다양한 책이 놓여 있는 것을 볼 수 있었다. 또 다른 가게 주인들과 달리 매일 화장을 하고 옷차림도 깨끗하고 단정하게 신경 쓴 티가 났다. 깔끔한 머리부터 화장한 얼굴과 옷차림까지 세심하게 신경 쓰고, 항상 밝고 친절하게 미소 짓는 모습은 손님들의 발길을 잡기에 충분했다.

한번은 늦게 퇴근하고 돌아가는 길에 장을 보러 갔다. 마침 가판대를 정리하던 그녀에게 가볍게 안부를 묻자, 그녀는 화장과 옷매무새를 고치며 말했다. "인생은 자기 거잖아요. 어디에서 어떻게 살든 자유롭고 즐거운 게 제일 중요하지 않겠어요?"

나는 그제야 그녀가 웃음을 잃지 않았던 이유를 알게 되었다. 그녀의 미소는 억지가 아닌, 내면에서 우러나오는 자연스럽고 즐거운 미소였다. 세상을 즐겁게 하기보다는 자기만의 방식을 통해 자신을 행복하게 만들고 원하는 모습으로 사는 것이 인생의 목적이라는 사실을 그녀는 이미 알고 있었던 것이다.

하지만 현실 속 우리는 성공에 대한 뜨거운 열망을 채우기 위해 명예와 이익을 좇으며 세상의 비위를 맞추다가 점차 자신을 잃어버리곤 한다.

일본 작가 마쓰우라 야타로는 "인생의 품격을 추구한다면 자기만족이 우선되어야 하며, 생활 방식과 취미도 과시용이 아니라 오로지 자기 자신을 즐겁게 하기 위한 것이어야 한다."라고 말했다. 줄다리기 시합 같은 세상과의 싸움도 따지고 보면 결국 자기 내면과의 힘겨루기나 마찬가지다.

언젠가 당신도 '드넓은 세상 속 인간은 자기 자신도 겨우 지켜낼 만큼 작고 연약한 존재라 다른 사람에게 신경 쓸 여유가 없다'는 사실을 깨닫게 될 것이다.

인생을 얼마나 즐기며 잘 살 수 있는지는 자기 마음을 얼마나 잘 다스리는지에 의해 결정된다.

내면에 귀를 기울여 즐겁고 편안한 삶을 산다면 인생의 승자는 당신이 될 것이다. 어쩌면 이것이 우리가 그토록 많은 노력을 기울이며 이루고자 했던 목표가 아닐까? 나는 여전히 머리부터 발끝까지 깔끔하게 살피며 출근 준비를 하지만 이제 내 마음에 반하는 부탁은 완곡하게 거절하고, 혼자 있는 시간을 즐기고, 혼자 책을 보고 글을 쓰며, 혼자 영화를 보고 달리는 일에 익숙해진 것처럼 말이다. 단순히 나를 사랑하기 위한 선택이었지만 뜻밖에도 나는 한결 부드러워진 자신을 발견할 수 있었다.

　당신이 정말 자신을 사랑하면 외모와 상관없이 훌륭한 마음을 가질 수 있다. 당신이 내딛는 걸음과 자신을 지키는 순간들을 통해 '자기를 사랑하게 되면 세상도 그런 당신을 더욱 반겨준다'는 사실을 곧 깨달을 테니까 말이다.

화려한 인생 속
수수한 당신이 되기를 바라며

만물의 시작은 단순함에 있다. 이는 꽃장수가 '세상에 모든 흰 꽃은 향기롭지만, 화려한 꽃은 그렇게 향기롭지 않다.'라고 하는 것과도 일맥상통하는 이치다.

사람도 마찬가지라 수수할수록 내면의 향이 짙어진다. 오색찬란한 세상에 있다 보면 사람도 쉬이 다양한 색상에 물든다. 그렇게 세상 풍파를 다 겪고 나면 수수함이야말로 세상을 살아가기에 가장 적합한 바탕색이라는 것을 깨닫게 된다.

인생의 후반전, 수수한 당신이 되기를 바란다.

▌간소한 사교 울타리는 최고의 생활 습관

현실에서 사람들은 무의미한 사교 활동에 적지 않은 시간과 에너지를 낭비한다. 젊었을 때는 무리에서 이탈했을 때의 고립감과 외로움이 두려워서 항상 친구를 찾고, 친구라는 울타리를 넓히려 애를 쓴다. 그러다 억지로 참석한 식사 자리가 실은 아무 의미도 없을뿐더러 오히려 자신을 더 피곤하게 만든다는 사실을 깨닫는 순간이 찾아온다. 사람들이 자주 잊어버리지만 사실 자기를 알아주는 친구 한두 명이 인생에서 제일 소중한 사람들이다.

토크쇼 〈원탁파圓卓派〉의 MC 더우원타오竇文濤는 업계에 데뷔한 지 수십 년이 넘는 베테랑답게 그동안 수많은 사람을 만났다. 사람들은 프로그램에서 보여주는 유쾌하고 즐거운 모습을 보고 그가 친구도 아주 많을 것으로 예상했다. 그런데 그의 친구 울타리는 의외로 아주 작아서 평소에 왕래하는 절친은 몇 되지 않는다고 한다. 같은 도시에, 그것도 불과 몇 킬로미터 거리에 사는 몇 명이 그의 '친구 울타리'의 전부다. 한 번씩 만나면 차를 마시며 대화를 나누거나 책을 읽는다는 이들은 한 달 동안 연락하지 않아도 다시 만나면 전혀 어색하지 않은 사이라고 한다. 그는 친구를 사귈 때 단순히 우정을 나누는 것 외에도 주의할 점이 있다는 글을 남긴 적이 있다.

그가 말하는 주의할 점이란 자신의 세계관, 가치관, 인생관, 인품, 학술적 깊이 등이 비슷한 사람과 교제해야 한다는 것이다. 이런 것들이 잘 맞지 않는 사람과는 시간과 에너지를 써가며 관계를 유지할 필요가 없다고 생각한다. 취미나 뜻이 잘 맞는 친구 몇 명과 간결한 대인 관계를 맺으면, 그 안에서는 온전한 자신으로서 남과 이해관계에 얽매이거나, 거짓 우정을 나누거나, 허례허식뿐인 대화를 나누지 않아도 된다는 것이 그의 생각이다.

중년이 되면 자기가 원하는 바를 명확하게 알고 울타리를 간결하게 관리해야 삶이 보다 안정된다. 그래서 무작정 울타리를 넓히기보다는 깔끔하게 정돈하는 일이 훨씬 중요하다. 이제라도 무의미한 사교 활동은 줄이고, 당신에게 무익한 사람을 멀리하는 행동을 취할 필요도 있다는 사실을 자각하기 바란다.

▌소박한 생활이 최고의 컨디션을 만든다

『증광현문』에 "비옥한 밭이 천 척이 있어도 사람은 하루에 세 끼를 먹고, 넓은 집 만 채가 있어도 누울 자리는 삼 척이면 족하다."라는 구절이 있다. '삶'이란 한 집에 두 사람이 세 끼를 나눠 먹으며 사계절을 나는 것이다.

중어권 작가 뤄푸羅敷는 스위스에서 10년 넘게 거주하며 북유럽 사람들의 생활 방식을 기록하고 있다. 그가 말하는 북유럽 사람들의 생활 습관은 아주 간결하며, 표면적인 화려함을 추구하는 경우가 극히 적다. 어느 날 뤄푸가 한 노부인의 집에 초대받았다. 그녀의 거실에 들어선 뤄푸는 깜짝 놀라 눈이 휘둥그레졌다. 거실에 네모난 테이블 하나와 나무 의자 두 개, 수납장 외에 다른 물건은 전혀 없었기 때문이었다. 노부인은 단출하지만 전부 몇십 년간 써온 것들이라 추억이 담긴 가구들이라고 소개했다.

간결함이 생활 방식이라면 수수함은 '삶에 대한 태도'라고 할 수 있다. 그리고 어떤 생활 방식으로 살아갈지는 순전히 우리의 마음에 달려 있다.

미술계에서 유명한 타이완의 장쉬엔蔣勳은 간소하고 단순한 생활을 위해 펜과 좋아하는 책 몇 권만을 챙겨 타이베이台北의 도심을 떠나 타이둥台東 시골의 어느 연못가로 이사를 했다. 그는 화려한 생활을 벗어나 한적한 연못가에서 매일 일출에 따라 일어나 움직이고, 일몰에 따라 들어가 쉬는 사람들을 보며 편안하고 안락한 일상을 보냈다. 그리고 이런 생활 덕분에 더 건강해진 몸과 충만한 내면을 느꼈다.

이런 구절을 읽은 적이 있다.

"최고의 생활은 간소한 생활이다. 차 한잔, 탁자 하나, 한적한 곳에서 누리는 여유로운 시간과 잡념 없는 마음이면 충분하다."

중년에는 구색을 맞추기 위한 화려함보다는 소박하지만 편안한 인생을 보내는 것이 훨씬 중요하다. 안정된 마음으로 소소한 일상을 누리는 것이 어쩌면 최고의 행복이지 않을까?

욕망을 소박하게 하는 것이 최고의 마음 수양

쇼펜하우어는 "인간은 욕망의 지배를 받기 때문에 욕망이 충족되지 않으면 고통을 받는다."라고 말했다. 실제로 자기 능력보다 큰 욕망은 걱정과 초조함을 야기한다. 장기간 이런 감정에 노출되면 탐욕이 점점 늘어나면서 고통도 그만큼 가중된다.

세상의 모든 고통은 자신의 탐욕에서 비롯한다. 그래서 인생의 욕망에 감정을 조정당한 사람들은 자기가 정말로 원하는 것을 무시해 버린다.

드라마 〈바람이 머무는 곳〉의 '베이퍄오北漂(베이징에 거주하지만 호적은 없는 외지인_역주)족' 쉬훙더우許紅豆가 바로 그런 사람이었다. 그녀는 베이징이라는 대도시에서 자가를 마련해 자리를 잡기 위해 매일 필사적으로 일하지만, 자신이 버는 속도로는 베이징의 집값 상승 속도를 따라가지 못한다는 사실에 서서히 지쳐간다. 그러던 어느 날, 건강이 나빠진 절친이 갑작스럽게 세상을 떠나자 그녀는 이렇게 바쁘게 발버둥 치며 살 필요가 없다는 생각이 들었다.

그녀는 살아있다는 것의 의미를 느끼기 위해 회사를 관두고 혈혈단신으로 다리大理(중국 윈난雲南성의 한 도시)로 향했다. 그곳에서 생활을 하는 동안 그녀는 심적으로 점차 안정되어 갔다.

아직도 그녀가 극 중에서 할머니와 나누었던 대사가 생생히 기억난다.

"사람은 너무 욕심부리며 살면 안 돼. 천금을 얻으면 만금이 갖고 싶고, 황제가 되면 신이 되려는 게 사람이야. 그런데 사람 손은 두 개뿐이잖아. 금산에 가도, 은산에 가도 네가 가질 수 있는 건 고작 두 손에 있는 게 다란다."

사람들은 너무 많은 것을 원하다가 오히려 즐거운 감정을 놓치곤 한다. 수평 비교가 심각해진 시대에 사는 우리는 나보다 나은 삶을 사는 듯한 남을 부러워하고, 운이 따라주지 않는 자신의 신세를 한탄한다. 모든 것을 가지고 싶어 할수록 결과적으로는 아무것도 가지지 못하는 법인데도 말이다.

『맹자孟子』에 "마음을 기르기에 욕심을 버리는 것보다 나은 것은 없다良心莫過於寡慾."라는 구절이 있다. 내면의 풍요는 외부 물질의 증가가 아닌 욕망의 감소에서 비롯한다. 인생의 절반을 지나는 시점에서는 욕망과 탐욕을 줄이고 가진 것에 만족할 줄 아는 것이 내면을 수양하는 올바른 방법일 것이다.

예전에 공감했던 글 중에 '수수한 사람이 되고 싶다면 혼잡함과 시끄러움을 멀리하고 작지만 빛나는 것에 시선을 두어라.'라는 구절이 있다.

친구의 울타리를 간소화하고 무의미한 사교 활동을 내려놓아야 자아를 높이는 데 집중할 수 있고, 소박하고 단순하지만 즐겁게 생활해야 내적 안정감이 유지되며, 욕망을 줄이고 지나친 탐욕을 내려 놓아야 몸과 마음을 정비할 수 있다.

인생의 후반전, 부디 수수한 사람이 되어 세속적인 세상에서 즐거 움을 찾고 마음껏 즐길 수 있기를 바란다.

이기고 넘어서야 할 산은
바로 나 자신이다

노자의 『도덕경』에 "자인자지知人者智, 자지자명自知者明, 자승자강自勝者强"이라는 구절이 있다. '타인을 이해할 수 있는 사람은 지혜롭고, 자신을 이해할 수 있는 사람은 명철하며, 자신을 이길 수 있는 사람은 강인하다'는 뜻으로, 단 몇 마디에 깊이를 가늠할 수 없는 인생의 철학을 내포하고 있는 말이다.

'믿음은 마음에서 생기고, 상황은 마음에서 만들어지며, 운명은 마음으로 바꾸고, 모든 일은 마음에서 비롯된다'는 말처럼, 사람의 생각과 행동은 모두 자기 내면에서부터 시작된다. 그러니 번잡하고 어지러운 세상에서 맑은 정신을 계속 유지하지 못하면 쉽게 자신을 잃어버리고 마는 것이다.

인생을 사는 동안 맑은 정신을 계속 유지하는 능력은 필수다. '자신을 이해할 수 있는 명철한 사람'이 되어야 '자신을 이기는 강인한 사람'이 될 수 있기 때문이다.

▌판단 착오가 불러오는 인생의 나락

주식의 신이라 불리는 워런 버핏Warren Buffett의 아들 피터 버핏Peter Buffett은 "자기 지식의 한계와 능력의 한계를 겸허히 인정해야 한다." 라고 했다.

천부적인 재능을 타고난 작가 마크 트웨인Mark Twain은 문학이라는 무대에서 물 만난 물고기처럼 자유자재로 헤엄쳐 다녔다. 작가로서 어느 정도 성공을 거두자, 사업에도 관심이 생긴 그는 목재업과 광산업에 문을 두드리는 한편, 지역 신문인 〈익스프레스Express〉를 발행했다. 자신이 문학과 사업 모두에 재능이 있다고 생각한 마크 트웨인은 사업도 번창할 거라고 예상했다. 하지만 상황은 기대와 달리 흘러갔다. 그는 사업으로 부를 이루기는커녕 원래 가지고 있던 자산마저 다 탕진하고 말았다.

사업 실패로 큰 충격을 받은 그는 자신에게 경영에 대한 재능과 안목이 부족했다는 사실을 깨닫는다. 결국 본인이 잘하는 창작 분야로 복귀하여 차근차근 경력을 쌓아 빚을 청산하고, 나아가 미국 비판적 현실주의 문학의 대가로 자리매김했다.

그가 "당신을 곤란한 상황에 빠트리는 것은 전혀 모르는 일이 아니라, 당신이 알고 있다고 여기지만 사실은 잘못된 일이다."라고 말한 것처럼, 상황 판단을 잘못해서 고생하는 사람은 결국 자기 자신이다. 사람은 내가 무엇을 할 수 있고, 무엇을 하면 안 되는지, 나의 특장점과 취약점이 무엇인지 등 자신에 대해 정확하게 알고 있어야 한다.

한 친구가 이런 경험을 들려주었다. 운 좋게 나무뿌리 조각인 근조根雕의 대가를 인터뷰할 기회가 생겼다. 대가의 작품을 관람하던 친구가 호기심을 참지 못하고 물었다. "선생님 작품은 어떤 걸 조각하셨던지 실제와 똑 닮아서 살아있는 듯 생동감이 넘칩니다. 어떻게 무에서 유를 창조하시는 겁니까?"

근조의 대가가 차분히 답했다. "오히려 정반대입니다. 제가 조각한 게 무엇을 닮은 것이 아니라, 무엇을 닮은 것을 조각하는 것뿐입니다." 대가가 손에 작품을 하나 들고 계속 말했다. "원재료가 원숭이처럼 보이면 저는 그걸 원숭이로 조각하고, 재료에 호랑이가 보이면 그걸 호랑이로 조각합니다. 저는 그저 순리에 따라 손을 움직일 뿐이죠. 재료 본연의 형태와 모습을 고려하지 않고 제 마음대로 조각해버리면 결과물은 결국 차등품, 불량품 혹은 폐기품이 되어버립니다."

영국 작가 조지 버나드 쇼George Bernard Shaw는 "명철한 사람은 자신을 세상에 맞추지만, 어리석은 사람은 세상이 자신에게 맞추기만을 바란다."라고 했다. 상황을 제대로 판단하고 순리에 따를 줄 알아야 불패의 위치를 차지할 수 있다.

█ 세상 가장 어려운 일, '나를 아는 것'

한 서생이 있었다. 그는 방대한 책을 읽고도 마음속 의문을 지우지 못했다. 그는 산 넘고 물 건너 산속 깊숙한 곳에 있는 도사를 찾아 가르침을 구하며 조심스레 물었다.

"누구는 저를 천재라 칭하며 장차 크게 될 인물이라 합니다. 또 누구는 저를 우둔하다 손가락질하며 평생 아무런 쓸모없는 인간이 될 거라고 합니다. 저는 도대체 천재입니까? 아니면 바보입니까?"

도사가 답했다.

"한 말의 쌀이 있다고 해보게. 밥을 짓는 부인에게 쌀은 밥으로 보이고, 떡을 빚는 사람에겐 떡으로, 술을 빚는 사람에겐 술로 보인다네. 쌀은 여전히 쌀일 뿐인데 말이야."

그 순간 큰 깨달음을 얻은 서생은 감사의 말을 전하고 그곳을 떠났다.

고대 그리스 철학자 탈레스Thales는 "인생에서 가장 어려운 일은 자기 자신을 아는 것이다."라며 자아 인식의 중요성을 강조했다. 자신을 정확하게 이해하는 사람만이 자신이 처한 환경을 객관적이고 이

성적으로 판단할 수 있으며, 나아가 자신의 정체성과 존재 이유, 중요한 것과 사소한 것의 차이를 구분할 수 있다.

연초에 둥칭董卿이 실시간 검색어에 오른 적이 있다. 회사에서 발표한 〈춘제완후이〉 MC 라인업에 그녀의 이름이 누락되었기 때문이었다. 시청자들은 둥칭이 없는 〈춘제완후이〉는 상상하기 어려웠다. 이에 둥칭은 "우리의 시간과 에너지는 제한적입니다. 하고 싶은 프로그램에 집중하다 보면 무언가를 잃을 수밖에 없었죠. 지난 13년간 〈춘제완후이〉를 진행하느라 고향에 돌아가지 못한 것처럼 말이에요."라는 글을 올렸다.

역할을 바꿀 수 있다면 사람들은 그 자리를 쉽사리 내려놓지 못할 것이다. 그렇지만 둥칭은 예전에 자신이 했던 말처럼 냉정하고 이성적으로 자기 인생의 방향을 조정했다.

"현명한 사람이라면 자신이 등장하는 시간뿐만 아니라 떠나야 할 시간도 알아야 합니다. 떠나는 순간, 당신이 대중의 등을 보게 될지 아니면 대중이 당신의 등을 보게 될지 결정되기 때문이죠."

사람이라면 누구나 타성과 욕망을 가지고 있다. 그러나 둥칭은 언제나 자기 내면의 소리를 따르고, 정말 원하는 일을 선택했다. 〈춘제완후이〉 무대와의 고별도, 미국 유학도, 〈낭독자朗讀者〉라는 프로그램을 개설한 것도 동일선에 있다. 지난 몇 년 동안 둥칭은 시청자들에게 자신이 〈춘제완후이〉의 사회자라는 신분을 각인시키는 데 그치지 않고, 대중보다 한 걸음 앞서 심도 있는 정의란 무엇인지, 자신을 제대로 인식한 삶이 얼마나 아름다운지를 보여주었다.

▍마음이 크면 작아지는 문제들

영화 〈슈퍼맨〉은 상영되자마자 전 세계를 휩쓸었다. 그 덕에 주연배우 크리스토퍼 리브Christopher Reeve도 일순 유명 인사가 되었다. 그러던 어느 날, 그는 격렬한 승마 경기를 치르던 중 낙마 사고로 전신이 마비되는 불운의 사고를 겪었다. 갑작스러운 사고에 그는 삶의 의욕을 잃었다.

크리스토퍼의 기분을 풀어주기 위해 식구들이 그를 교외로 데려간 날이었다. 차는 산길을 따라 계속 핸들을 틀어야 했고, 커브가 많다 보니 '전방에 커브가 있습니다.'라는 표지판이 계속해서 그의 눈앞을 스쳤다. 어느새 커브를 돌고 나면 시야가 뻥 뚫리는 느낌이 들면서 '전방에 커브가 있습니다.'라는 문구가 계속해서 크리스토퍼의 가슴을 울리기 시작했다.

그때 그는 문득 큰 깨달음을 얻었다. '지금은 인생의 막다른 길에 부딪힌 게 아니라 방향을 바꿔야 할 때'라는 깨우침이었다.

그때부터 그는 휠체어를 타고 새로운 프로젝트에 도전하기 시작했다. 그가 공을 들여 감독한 첫 번째 영화는 개봉하자마자 '골든 글 로브상'을 수상했고, 자전적 소설인 『크리스토퍼 리브의 새로운 삶』 은 출간 직후 베스트셀러가 되었다. 그는 또 장애인 교육센터를 설 립하고, 장애인 복지사업을 위한 자선 모금 활동도 적극적으로 전개 했다. 그는 사지 마비라는 심각한 장애를 극복하고 환자에서 유명 한 감독 겸 작가, 그리고 자선 활동가로 변모하며 '슈퍼맨'으로서의 비범한 능력을 다시 한번 보여주었다.

펑즈카이豊子愷는 "마음이 크면 문제는 작아지고, 마음이 작으면 문 제가 커진다."라고 말했다. 또한 『구당서·원행충전舊唐書·元行冲傳』에는 "당사자는 제대로 못 보지만 방관자는 정확하게 볼 수 있다."라는 말 이 있다. 이는 이치를 깨달아 당사자의 시각에서 벗어나 방관자의 관점으로 명료하게 생각할 수 있을 때 많은 문제가 해결된다는 뜻 이다.

인생의 여정을 따라가다 보면 사소하고 복잡한 여러 가지 일이 생 길 때도 있고, 가시덩굴이 길을 막고 있을 때도 많다. 어리숙하게 행 동하면 이런 것들이 당신의 발목을 잡는 족쇄처럼 느껴지겠으나, 명 철하게 바라보면 당신이 비상할 수 있는 초석이 될 수도 있다. 그러 니 부디 노력을 통해 결실을 맺고, 맑고 투명한 정신으로 깨우치며 열심히 사는 사람이 되기를 바란다. 그렇게 맺힌 결실이 인생에 즐 겁고 행복한 일을 가져다 줄테니 말이다.

고민 없이,
후회 없이 앞으로 나아가기

세상을 살다 보면 내 뜻대로, 내 마음대로 되지 않을 때가 많다. 심지어 걱정 없이 순조롭게 흘러가는 일이 하나도 없다고 느껴질 때도 있다. 이런 인생의 우여곡절 앞에서 계속 좌절하고 실망하며 앞으로 나가지 못하면 내 삶의 가치는 점점 떨어지고 만다. 반대로 평정심을 가지고 담담히 앞을 보며 걸어가면 삶이 점점 수월해진다.

▌고민하지 않기 :
걱정은 버리고 아쉬움은 줄이기

인생을 결정하는 요소는 운명이 아니라 당신의 선택이다. 인생에 펼쳐지는 크고 작은 일에 대해 시기적절하고 올바르게 결정하면 쓸데없이 길을 돌아가지 않아도 된다. 하지만 현실에서는 선택을 망설이며 갈등과 마찰 속에 기회를 놓치는 사람이 훨씬 많다.

이와 관련한 에피소드를 본 적이 있다. 인도에 출중한 외모 덕분에 많은 여성의 구애를 받는 인기 높은 철학자가 있었다. 하루는 아리따운 여인 한 명이 그의 부인이 되고 싶다며 고백을 해왔다. 철학자는 여인의 진심에 감동하여 그녀와 부부의 연을 맺고 싶었지만, 생각할 시간이 필요하다며 그녀를 돌려보냈다.

철학자는 결혼과 미혼에 관해 여러 가지를 분석하고, 둘 다 장단점이 있다는 결과를 도출해냈다. 그는 오랜 시간 고민하고 또 고심하여 마침내 깨달음을 얻었다. '선택의 기로 앞에서 결정이 어렵다면 아직 경험해 보지 않은 길을 선택해야 한다'는 사실이었다. 그는 용기를 내어 여인의 집을 찾아갔다. 그리고 그녀의 아버지에게 말했다. "따님은 어디 계십니까? 생각이 끝났으니 이제 그녀와 결혼하겠다고 전해주시겠습니까?" 이 말을 들은 여인의 아버지는 조용히 고개를 저었다. 그리고 딸은 진작에 다른 사람에게 시집가서 이미 세 아이의 어머니가 되었다는 말을 전했다. 그의 고민이 무려 10년이나 이어졌던 것이다.

철학자가 완벽을 추구하느라 고심한 결과는 오히려 평생의 한이 되어버렸다. 이 이야기를 들은 사람들은 한숨을 쉴 수밖에 없었다. 아름다운 배필을 맞아 행복할 수 있었던 기회를 고민과 망설임 때문에 놓쳐버렸기 때문이다.

인생을 살다 보면 철학자와 같은 마음을 가질 때가 적지 않다. 당장 선택이 필요한 순간에 이해득실을 따지며 이중 삼중으로 고민하다가 차마 결정을 내리지 못하는 순간들이다. 끝없는 생각과 고민은 아쉬움만 남길 뿐이다. '조금만 더 생각해 볼게.'라는 말은 평생을 망설이게 할 뿐, 고민 없이 결정하는 과감함이야말로 우리를 도와준다.

행운의 여신의 가호를 바란다면 부디 고민과 걱정은 내려놓고 용감하게 한 걸음 나아가길 바란다.

█ 후회하지 않기 :
현재에 집중하면 걱정이 사라진다

인생의 가장 큰 비극은 과거에 얽매여 끊임없이 되새김하는 악순환에 빠지는 것이다. 지난 일은 웃으며 떠나보내고, 현재에 집중해야 한층 성숙한 삶을 살 수 있다.

수집가 윤우는 오랜 시간 과거의 실수를 곱씹느라 자신을 고통 속에 빠트렸던 경험이 있다. 젊은 시절 상하이上海로 출장을 떠난 그는 골동품 거리를 구경하던 중 한 가게에서 3만 위안(약 5백60만 원) 정도 하는 그릇 하나를 보았다. 당시의 그로서는 차마 구매할 수 없는 천문학적인 금액이었는데도 윤우는 그 그릇이 자꾸 눈에 아른거려 상하이를 방문할 때마다 상점에 들러 눈도장을 찍곤 했다. 여느 때와 마찬가지로 출장차 그곳을 찾았던 어느 날이었다. 아무리 찾아

봐도 그릇이 보이지 않았다. 주인은 얼마 전에 누군가 그릇을 구매했다고 알려주었다. 그런데 윤우에게 정말 후회스러운 순간은 1년이 지나서 찾아왔다. 경매장에 나타난 그 그릇이 무려 850만 위안(약 16억 원)에 낙찰되었기 때문이다.

그는 당초의 결정을 후회했다. 그릇을 사기 위해 방법을 찾지 않았던 자신이 개탄스러웠다. 그 후로 몇 년 동안 그릇의 가격은 무섭게 상승하며 평가 가치가 무려 1억 위안(약 180억 원)을 넘어서기도 했다. 다행히 그는 점차 자신의 과거에서 벗어나고 있었다. 나아가 모든 일이 뜻대로 될 수 없고, 인생은 언제나 아쉬움이 남기 마련이라는 깨달음을 얻었다. 이제 그는 누군가 이 일화를 언급해도 후회 없는 담담한 미소를 지어 보일 수 있다. 과거를 내려놓은 뒤로 다른 수집품을 물색하는 데 열정을 쏟아 그 그릇보다 훨씬 많은 가치를 얻었기 때문이다.

서양 속담 중에 이런 말이 있다. '엎질러진 우유 때문에 울지 말라.' 인생을 살다 보면 수습 불가능한 일을 한두 번 또는 더 많이 겪을 때가 있다. 그때마다 후회만 하면 상황이 개선되기는커녕 더 많은 기회를 잃게 된다.

누군가는 인생을 연극으로 비유한다. 즐거운 장면과 비극적인 장면이 교차하며 빚어지는 기복들이 연극을 더 풍성하고 다채롭게 꾸며주는 것이 인생과 흡사하기 때문이다. 그러니 슬픔과 자책감에

젖어 있기보다는 마음을 비우고 후회와 원망이 없도록 현재에 집중
하면 고민은 저절로 멀어질 것이다.

┃ 앞으로 나아가기 :
인생은 앞으로, 고생은 뒤로

인생 최대의 비극은 과거에 얽매여 앞으로 나아가지 못하고 현재
에 머무는 것이다. 그러나 현명한 사람은 과거와 이별하고 미래를
향해 나아갈 줄 안다.

상하이 사교계의 명사로 알려진 옌여우원嚴幼韻은 112세의 나이로
세상을 떠났다. 그녀는 생전에 수많은 우여곡절을 겪었다. 그런데
도 희비가 교차했던 자신의 과거에 한 번도 얽매이지 않고 언제나
양지를 향해 나아갔다. 한번은 그녀의 집에 강도가 들어 그녀가 아끼
던 수많은 보석을 훔쳐 갔다. 주변 사람들이 그녀를 위로했지만, 그
녀는 슬퍼하기보다 많은 걸 잃지 않았다는 사실에 오히려 감사했다.

노부인이 된 옌여우원은 미관상의 이유로 이를 갈아 의치를 끼웠
다. 외출하려고 택시를 탄 어느 날, 택시 기사가 급브레이크를 밟는
바람에 그녀의 의치가 빠지고 말았다. 옆에 있던 딸이 당황하여 허
둥거리고 있을 때 그녀는 아무렇지 않은 듯 말했다. "괜찮아. 안 그
래도 잘 빠지던 거였어. 아무래도 다시 내 입으로 들어가기 싫은가
보다."

훗날 〈뉴욕 타임스^{NewYork Times}〉와의 인터뷰에서 기자가 장수의 비결을 묻자 그녀는 이렇게 말했다.

"지나간 일에 마음 쓰지 말고 언제나 앞을 보세요."

앞으로의 인생은 지나간 일에 신경 쓰는 대신 웃음만 가득하길 바란다. 과거를 대하는 태도가 그 사람의 미래를 결정한다는 말처럼 과거의 성공과 실패에 집착하지 않고 앞을 향해 나아가는 법을 배우면 어지러운 세상에서도 자유롭게 살 수 있다. 또 어떤 일이 닥쳐도 놀라지 않는 강인한 마음을 가지면 행복을 되찾아 당신을 힘들게 했던 고통을 진정한 과거로 남길 수 있다.

인생이란 무수히 많은 어제와 오늘 그리고 내일로 이루어져 있다. 어제의 모든 일은 이미 결정되었으니, 책장을 넘겨 멀리 보아야 더 평탄한 인생을 살 수 있다. 책장을 앞으로 넘기듯 인생도 앞을 향해 나아가야 한다는 점을 기억하자.

『십종죄^{十宗罪}』의 "세상이 어지럽고 수많은 고뇌가 생긴 이유는 세 가지다. 본질을 꿰뚫어 보지 못하고, 열린 사고를 못하며, 내려놓지 못하기 때문이다."라는 구절이 공감을 자아내는 이유는 사람들이 삶이 힘들다고 느끼는 이유가 능력이 부족해서가 아니라 문제를 바라보는 시각의 차이에서 비롯되는 경우가 많기 때문이다.

생활의 질을 높이기를 바란다면 행복을 가로막는 마음의 부담을 내려놓아야 한다. 망설임을 끊어내고 고민하지 않으면 후회와 아쉬움이 줄어들고, 현재에 집중함으로써 번뇌가 사라지며, 앞으로 나아가면 인생의 고통은 자연스럽게 자취를 감출 것이다.

인간에게 허락된 시간은 고작 몇십 년에 불과하다. 이 짧은 시간을 아무런 방해 없이 편안하게 살고 싶다면, 우선 마음을 단련하는 방법을 익혀야 한다. 마음을 훈련하면 한결 여유롭고 수월한 인생을 누릴 수 있기 때문이다.

부디 앞으로 남은 인생은 거침없이 앞을 향해 달리며 자유롭고 즐겁게 살아가기 바란다.

유연성을 잃은 욕망은
별을 잃은 난파선과 같다

지혜로운 사람은 자신이 터득한 내적 유연성을 높이는 방법을 삶의 다양한 변화에 적용할 줄 안다. 개인적으로 "유연한 사람이 되는 것은 우리가 평생 추구해야 할 목표다."라는 싼마오의 말에 공감한 적이 많다.

한 사람이 인생의 길을 얼마나 멀리 갈 수 있는지는 IQ나 EQ, 인맥 또는 재능이 아니라 내적 유연성에 따라 결정된다. 유리구슬 같은 사람은 한번 떨어지면 산산조각이 나지만, 고무공 같은 사람은 바닥에 떨어져도 탄력을 이용해 다시 튀어 오르는 것과 마찬가지 이치다. 그러니 인생을 멀리 가기 위해서는 마음의 힘을 길러야 한다.

유연함의 거리를 유지해야 삶이 편해진다

심리학의 '적절한 거리 유지'라는 법칙을 알고 있는가? 이는 대인 관계에서 어느 정도의 거리를 지키지 않고 넘어서면 관계가 어긋날 수 있다는 개념이다. 가까운 사이든 먼 사이든 모든 관계는 적정 거리를 지켜야만 한다.

싼마오는 자신의 저서 『사하라 이야기撒哈拉的故事』에 그녀와 이웃들의 이야기를 담았다. 사하라에 정착한 싼마오와 호세José는 현지 이웃 주민들과 생활 습관이 달랐음에도 친절하고 활발한 성격 덕분에 그들과 금세 친해졌다. 처음 이웃집에 초대받은 싼마오는 현지 여인에게 물로 바닥 청소하는 방법을 알려주었다. 그런데 그 뒤로 이웃들이 자주 싼마오의 물통과 빗자루를 빌리고, 한 번 가져가면 저녁까지 돌려주지 않는 통에 정작 그녀가 필요할 때 쓸 수 없는 상황이 이어졌다.

시간이 지나 이웃들은 싼마오의 생활 방식을 점차 이해하기 시작했고, 그녀가 일상생활에 사용하는 물건들도 좋아 보인다며 자주 빌려 가기 시작했다. 매일 아침이면 물건을 빌려달라는 아이들이 끊이지 않고 찾아왔다. 전등 하나, 양파 하나, 휘발유 한 통, 선풍기 등등. 싼마오에겐 대수롭지 않은 것들이었지만 안 빌려주자니 마음이 불편했고, 또 빌려주자니 언제 돌려받을지 모른다는 생각에 망설여졌다. 나중에는 집을 나서면 문 앞에 있던 아이들이 돈을 달라며 손을 내미는 상황까지 펼쳐지자 그녀는 극심한 피로감과 함께 도망가고 싶은 마음이 들었다.

이 에피소드는 결국 사람과 사람 사이에도 거리를 유지해야 서로 편하게 대할 수 있다는 사실을 보여준다. 아무리 친밀한 관계여도 만날 때 거리를 두지 않으면 누군가는 쌴마오처럼 견디기 힘들어할 수도 있다.

"최고의 관계는 친근하게 거리를 유지하는 관계다."라는 말처럼, 그 어떤 관계도 적당한 거리 유지는 필수적이다. 너무 멀지도, 가깝지도 않은 거리여야 오랫동안 관계를 유지할 수 있으니 말이다.

▎욕망을 유연하게 유지해야 삶이 수월해진다

이틀 전 2009년 칸 국제 영화제에서 수상한 단편영화 〈블랙홀The Black Hole〉을 보고 절제를 모르는 욕망이 어떻게 사람을 집어삼키는지 다시 한번 생각하게 되었다.

영화 속 남성은 프린터 앞에 서서 자료가 출력되기를 기다리고 있었다. 잠시 기다려도 프린터에 반응이 없자 그는 참지 못하고 프린터를 발로 차버렸다. 그러자 프린터는 검은 구멍이 인쇄된 종이를 한 장 뱉어내고, 남자는 의아했지만 대수롭지 않게 여기며 종이를 옆 탁자 위에 두었다. 잠시 후 그가 다 마신 물컵을 방금 그 종이 위에 올려놓자 놀라운 일이 벌어졌다. 남자의 컵이 종이의 검은 구멍

속으로 떨어진 것이다. 남자가 구멍으로 손을 뻗자 신기하게도 컵을 다시 건져낼 수 있었다.

남자는 곧 종이를 이용해 자판기에서 초콜릿을 하나 꺼내는 데 성공했다. 그는 이내 상사의 금고로 눈을 돌렸다. 곧 종이를 금고 위에 붙이고 손을 집어넣더니 무리 없이 돈뭉치를 꺼내 들었다. 두 번째, 세 번째…. 책상 위에 돈뭉치가 가득 쌓였는데도 그는 만족스럽지 않았다. 그는 결국 구멍에 자기 머리를 불쑥 집어넣고 천천히 금고 안으로 들어갔다. 그가 다리를 집어넣는 순간 실수로 금고 위에 붙인 종이를 건드리는 바람에 종이가 떨어지고 말았다. 그는 그렇게 금고에 갇혀 오도 가도 못하는 상황에 빠졌다.

처음 그의 욕망은 작은 초콜릿에 불과했지만, 이성이 욕망에 잠식당하자 탐욕이 그의 내면을 갉아먹다가 그 자신까지 삼켜버린 것이다.

조지 버나드 쇼는 "인생에는 두 가지 비극이 있는데, 하나는 당신의 욕망이 만족을 모르는 것이고, 다른 하나는 당신의 욕망이 만족을 얻었을 때이다."라고 말했다. 지나친 욕망은 오히려 재앙을 초래할 수 있다.

우리의 삶이 망가지는 이유는 종종 삶의 고통 때문이 아니라 욕망이 만든 블랙홀 때문인 경우가 많다. 자기도 모르게 욕망에 사로잡혀 이리저리 몸부림치다가 보면 궁지에 몰릴 수 있다. 유연성을 잃은 욕망에 역풍을 맞는 건 결국 우리 자신이기 때문이다.

인생은 바다 위를 항해하는 배와 같아서 욕망을 유연하게 유지할 줄 알아야지만 인생의 방향을 바로 잡고 순항할 수 있다.

▌유연한 인지력을 유지해야
선택의 폭이 넓어진다

사고방식은 사람의 행위를 결정하고, 인지력은 선택을 할 때 눈에 보이지 않는 영향력을 발휘한다. 인지력을 유연하게 유지해야 선택의 폭을 넓게 가지고 국한되지 않는 삶을 살 수 있다.

심리학에 '인지 통로화 현상'이라는 개념이 있다. 통로를 통해 사물을 보면 통로 속의 사물만 볼 수 있어서 외부의 사물을 보려면 밖으로 고개를 내밀어야 한다는 뜻이다.

사람의 인지력도 마찬가지다. 고정관념을 내려놓고 인지력을 유연하게 운용해야 운신의 폭이 넓어지고 더 많은 기회를 가질 수 있다.

달걀을 쉽게 깨트리지 않는 가장 간단한 방법은 익혀서 탄성을 더하는 것이다. 마찬가지로 인식의 한계를 극복하는 가장 빠른 방법은 고정관념을 깨트려 새로운 돌파구를 찾는 것이다. 유연성이 높은 인지력은 삶을 치유하는 양약이자 미래를 좌우하는 열쇠다. 인식의 유연성이 높아야 선택의 차원이 다양해지기 때문이다.

신맛, 단맛, 쓴맛, 매운맛, 짠맛 중 하나라도 빠지면 안 되는 게 인생이다.

"인생에서 가장 찬란한 빛은 영원히 사라지지 않는 빛이 아니라, 어둠에서 다시 떠오르는 빛이다."라는 말처럼, 삶이 우리에게 주는 시련은 지고지순하게 운명을 받아들이라는 뜻이 아니라 자기 자신을 더 똑바로 보고 어려움을 극복하라는 의도다.

내면이 유연한 사람은 바닥을 쳐도 다시 튀어 오른다. 타인과의 만남에서 적당한 거리를 유지하면 삶에 온도가 더해지고, 욕망을 유연하게 이완하면 삶이 한층 수월해지며, 고정관념을 내려놓고 유연하게 인식하면 선택의 폭이 다양해진다.

부디 당신도 내면이 유연한 사람이 되어 삶의 다양한 변화에 유연하게 적응하기를 바라며, 인생의 진정한 모습을 받아들이며 자신만의 멋진 인생을 살아가길 기대한다.

적절한 때
인생의 컨트롤 버튼 누르기

저우궈핑 작가는 인간에게 필요한 두 가지 중 하나는 '처음부터 다시 시작하는 용기'이고, 다른 하나는 '무언가를 완성하지 못했을 때도 차분함을 유지하는 평상심'이라고 말했다.

인생의 길은 매우 다양하고 복잡하다. 우리는 그 길 위에서 여러 사람을 만나고 다양한 경험을 한다. 그리고 그 과정에서 이득과 손해를 경험하고 선택과 포기를 배운다. 특히 중년이 되면 적합한 친구와 관계를 고르는 데 도움을 주는 '시간'이라는 경험이 더해진다. 이때 우리에게는 인생을 통제할 수 있는 용기가 필요하다. 때로는 인생의 '일시 정지'와 '삭제' 그리고 '재시작'에 관해 배우고 적절한 때에 망설임 없이 컨트롤 버튼을 눌러야만 원하는 인생이 펼쳐진다.

일시 정지

『채근담』에 이런 구절이 있다.

"물 한 숟가락에 사해의 물맛이 담겨 있으니 세상의 맛을 볼 필요가 없고, 천 개의 강물은 언제나 달빛을 품고 있으니 마음의 진주는 홀로 밝아야 한다."

한 수저의 물로도 전국의 물맛이 다 똑같다는 걸 알 수 있으니, 세상만사를 직접 경험할 필요는 없고, 천 개의 강물 위에 떠 있는 달도 사실은 하나뿐이니 우리의 마음도 달처럼 맑고 밝게 유지해야 한다는 의미다.

더 쉽게 설명하면, 썩은 사과는 한 입만 베어먹어도 상했는지 아닌지 알 수 있기 때문에 굳이 사과 하나를 통째로 먹어볼 필요가 없다는 뜻이다. 원만하게만 흘러가는 인생을 사는 사람은 아무도 없다. 그래서 삶의 곳곳에는 아쉬움이 남는다. 물론 노력한 만큼의 결과가 보장되지도 않는다. 다만 물거품이 된 노력을 후회하느라 힘을 빼는 대신 홀홀 털고 일어나 더 큰 손실을 막고 계속 걸을 수 있는 다른 길이나 방법을 찾는 것이 현명한 대처 방법이다.

인도 작가 라빈드라나드 타고르Rabindranath Tagore는 "태양을 놓쳐 눈물을 흘린다면 당신은 은하수도 놓칠 것이다."라고 말했다. 인생을 살기 위해서는 이미 예정된 상실은 다시 시도하지 말고 내려놓는 방법도 배워야 한다. 꼭 벽에 부딪혀야만 몸을 피하는 방법을 배울 수 있는 것은 아니기 때문이다.

앞뒤 상황을 재고 따지느라 망설이지 말고 적절한 시기에 인생의 일시 정지 버튼을 눌러야 더 만족스러운 결말에 가까워질 수 있다.

▎삭제

아침 7시, 대학 졸업 이후 거의 10년 동안 연락 없이 지내던 동기가 수안에게 갑자기 안부 메시지를 보냈다. 잠시 혼란스러웠던 수안은 상대방이 보험 상품을 소개하는 링크를 덧붙이고 나서야 상황을 이해할 수 있었다. 대부분의 관계는 이익을 위한 도구로써 암암리에 대가가 매겨지기에 그 누구도 이유 없이 접근하는 경우는 드물다.

"무료로 재무 분석해 줄게. 수입과 지출 명목을 알려주면 내가 어떤 상품이 적합한지 알아볼게."

"너는 보험 가입 조건이 안 되네. 남편 건강 검진 결과 좀 줄래? 내가 신청할 방법을 찾아볼게."

"우리가 알고 지낸 지가 몇 년이야? 어쨌든 너도 보험은 들어야 하잖아. 그러니까 그냥 나한테 해."

상대방이 건강 상태와 소득 정보를 추궁해 오자 수안은 온몸을 꽁꽁 묶인 채 납치당하는 찜찜한 기분이 들었다. 또다시 메시지가 왔을 때 그녀는 채팅창을 차단해버렸다. 그러자 상대방은 직접 전화를 걸어왔다. 그는 오직 수안을 위해 보험의 장단을 분석하는 척하더니 보험에 가입하지 않는 것은 무책임한 행동이라며 상황을 심각하게 몰아갔다.

그때 다른 친구가 스크린숏을 보내왔다. 뜻밖에도 상대방이 수안을 험담하는 내용이 담겨 있었다. 그는 수안을 궁상맞고 쪼잔한 데다 인정머리까지 없다고 힐난했다. 또 자기 할 말만 하고 잠수를 탔다는 욕도 있었다. 수안은 친구의 메시지를 받자마자 핸드폰에 저장되어 있던 상대방의 연락처를 삭제했다. 더 이상 동기간의 우정을 생각하지 않자 그녀는 오히려 속이 후련해졌다.

"이미 유명무실해진 감정은 과감하게 지워야 하고, 불편한 관계는 더 유지할 필요가 없다."라는 말을 본 적이 있다. 지나치게 이익 편향적인 관계는 이미 선을 넘은 관계라 더는 속박당할 필요가 없다.

"인생이란 부단한 빼기의 과정이다. 어울리지 않는 배우자도, 말이 통하지 않는 친구도, 부정적인 감정도 다 덜어내고 인생을 단순하고 순수하게 만들어야 자신을 위한 더 많은 공간과 시간을 만들 수 있다."라는 말도 있다.

중년에 접어들면 과감하게 이별을 시도하고, 주변 관계를 정리하며, 불필요한 일과 사람을 차단함으로써 적기에 인생의 삭제 버튼을 누를 줄 알아야 과도한 고민이나 망설임 없이 자신이 원하는 더 많은 것을 얻을 수 있다.

┃ 재시작

현실 속 우리는 초라함에 차마 고개를 들지 못하거나, 무시와 냉대 속에 욕을 먹고 억눌림을 당할 때가 있다. 이런 부정적인 압박에서 헤어 나오지 못하면 우리의 미래도 여기서 멈추고 만다. 인생을 살다 보면 지지부진한 순간이 생각보다 오래 지속될 때도 있고, 견디지 못할 만큼 고통스러울 때도 있지만, 고통의 시간이 끝나면 중요한 건 포기하는 마음이 아니라 다시 일어서는 용기라는 사실을 깨달을 수 있다.

드라마 〈바람이 머무는 곳〉에 이런 대사가 나온다.

"새가 남쪽으로 날아가 추운 겨울을 나듯이, 사람도 피곤하고 추우면 따뜻한 곳에서 행복의 힘, 즐거움의 힘, 아름다움의 힘 또는 재출발을 할 수 있는 힘을 찾아야 해."

재시작은 원점으로 돌아간다는 뜻도 있지만 '한 단계 업그레이드 된다'는 의미도 된다. 재시작 버튼을 눌러 자신에게 새 삶을 허락하는 동시에 자기 자신이 생각보다 훨씬 강하다는 자신감도 장착해야 한다. 운명은 인생에 장난을 칠지언정 과거가 미래를 막아서게 내버려 두지 않는다. 오히려 운명은 새 삶에 대한 선택의 기회를 준다.

그러니 적절할 때 인생의 재시작 버튼을 누르자. 자신에 대한 의

구심과 자포자기하고 싶은 마음을 내려놓아야 더 많은 가능성이 찾아온다.

세상이 아무리 복잡하고 혼란스럽더라도 인생의 길은 스스로 걸어야 한다. 가끔 울퉁불퉁한 비포장도로가 나오더라도 이 길을 지나야 성장하고, 갈림길을 선택해야 무언가를 얻을 수 있다. 길을 따라 성숙해지다 보면 마침내 이해하게 된다. 관계를 많이 맺는 게 무조건 좋지만은 않고, 실수를 저질러도 두려워할 필요가 없다는 사실을 말이다.

중요한 것은 인생의 주인이 되겠다는 용기, 무엇이든 버릴 수 있는 패기와 쟁취하려는 담대함이다. 이런 용기와 담대함을 가지고 긍정적인 마음과 열정을 유지하며 자신이 원하는 삶을 살아가면 된다.